Cómo interpretar los sueños
para ganar a la primitiva
y a la bonoloto

Diane Von Alten
Con la colaboración de Massimo Mantovani

CÓMO INTERPRETAR LOS SUEÑOS PARA GANAR A LA PRIMITIVA Y A LA BONOLOTO

A pesar de haber puesto el máximo cuidado en la redacción de esta obra, el autor o el editor no pueden en modo alguno responsabilizarse por las informaciones (fórmulas, recetas, técnicas, etc.) vertidas en el texto. Se aconseja, en el caso de problemas específicos —a menudo únicos— de cada lector en particular, que se consulte con una persona cualificada para obtener las informaciones más completas, más exactas y lo más actualizadas posible. EDITORIAL DE VECCHI, S. A. U.

© Editorial De Vecchi, S. A. 2018
© [2018] Confidential Concepts International Ltd., Ireland
Subsidiary company of Confidential Concepts Inc, USA
ISBN: 978-1-64461-076-3

El Código Penal vigente dispone: «Será castigado con la pena de prisión de seis meses a dos años o de multa de seis a veinticuatro meses quien, con ánimo de lucro y en perjuicio de tercero, reproduzca, plagie, distribuya o comunique públicamente, en todo o en parte, una obra literaria, artística o científica, o su transformación, interpretación o ejecución artística fijada en cualquier tipo de soporte o comunicada a través de cualquier medio, sin la autorización de los titulares de los correspondientes derechos de propiedad intelectual o de sus cesionarios. La misma pena se impondrá a quien intencionadamente importe, exporte o almacene ejemplares de dichas obras o producciones o ejecuciones sin la referida autorización». (Artículo 270)

Índice

Introducción	7
Las leyes que regulan el flujo de la prosperidad y el dinero	9
La conciencia de los propios fines, recursos y capacidades	11
Capacidad de extraer energías de la mente inconsciente	18
Los sueños	18
La concentración	23
Postura física	24
Respiración y relajación	25
Fijar la mente en un punto: la concentración	29
— Ejercicios de concentración	30
La meditación	35
Ejercicio de meditación sobre el sol	36
Ejercicio de meditación sobre la luna	36
Ejercicio de meditación sobre una rosa	37
La meditación sobre los cuatro elementos	37
Meditación sobre la tierra	38
Meditación sobre el aire	40
Meditación sobre el agua	40
Meditación sobre el fuego	41
Ejercicio para el desarrollo de la intuición	42
Cómo utilizar las cartas adjuntas	44
Guía para interpretar los sueños	45

Introducción

En este libro se describen las leyes fundamentales que rigen lo que los hombres suelen llamar «suerte» o «azar». En la prensa y la radio se habla con frecuencia de personas que, tocadas por la diosa Fortuna, se han convertido en millonarias de la noche a la mañana por haber ganado sumas astronómicas en numerosos juegos como la primitiva, la bonoloto, las quinielas, la lotería, etc.

Con mucha menos asiduidad, excepto en los casos más clamorosos, se llega a saber cómo estas personas dilapidaron su fortuna en poco tiempo, tras invertir el dinero de un modo equivocado o por haber adoptado y mantenido un tren de vida que, una vez agotado su capital, no estaban en disposición de sostener; por no hablar de la tentación de los juegos de azar, a la que se siente impelido quien le ha tocado en una ocasión y que, con frecuencia, desemboca en la ruina total. Sin duda, tales personas, aun habiendo sido muy afortunadas, carecían de lo que, en el campo psicológico, se conoce como «mentalidad del dinero»; ignoraban que el dinero posee sus propias reglas.

Esta situación puede ilustrarse mediante un viejo refrán: «es triste tener las necesidades de un general y el sueldo de un soldado raso». Así, una persona que gana un coche de lujo en un concurso pronto se debe enfrentar a un coste de mantenimiento sumamente elevado, a lo cual debe destinar gran parte de sus ingresos.

Los rajás indios solían regalar a sus feudatarios desleales un elefante blanco; el feudatario no podía rechazar el obsequio sin faltar al respeto a su señor y, al mismo tiempo, se arruinaba debido al gasto que suponía el mantenimiento del paquidermo. Esta costumbre pone de manifiesto que tratándose de dinero se debe ser siempre consciente de las acciones que se emprendan.

Aunque todos hemos oído hablar de premios excepcionales, pocos conocen que hay personas que han hecho de la suerte su forma de vida, comprendiendo que el dinero no se reduce a un bien material, sino que es una energía y un instrumento. De este modo, han asumido las reglas que determinan el funcionamiento de esta energía constituida por el llamado vil metal, atrayendo hacia sí un flujo de buena suerte, aun cuando no exorbitante, sí constante, que les ha permitido transformar su existencia en una serie de «pequeños» golpes de suerte. Piénsese, por ejemplo, en los numerosos expertos en lotería primitiva, que combinan una intensa pasión por los cálculos de la numerología con la indestructible convicción de que la suerte puede coronar su trabajo con triunfos permanentes. Otras personas, quizás aún más numerosas, obtienen réditos constantes en el juego gracias al poder de la psique y a una comprensión fiel de las leyes cósmicas, basadas en el discurrir de la energía de la vida.

En este libro explicaremos cómo podemos llegar a ser personas «susceptibles de ser afortunadas», a través del ejercicio de la facultad de la intuición. Nuestro propósito es el de comprender las leyes del dinero, el juego y la suerte, mediante la interpretación correcta de los sueños.

Las leyes que regulan el flujo de la prosperidad y el dinero

Simplificando, puede decirse que los requisitos fundamentales e imprescindibles para poder ser afortunados en la vida, no sólo en el juego, sino también en la profesión que hemos elegido, son esencialmente tres:

1. poseer un conocimiento claro de las leyes que regulan el fluir de la prosperidad y el dinero;

2. ser conscientes de nuestros propósitos, recursos y capacidades;

3. ser capaces de acceder a ese depósito inagotable de energías psíquicas que constituye la parte inconsciente de la mente humana, gracias a ejercicios constantes de meditación y concentración, los cuales nos permitirán desarrollar una capacidad de intuición superior a la de la mayoría de la gente.

El primero de estos requisitos atañe, pues, a una comprensión de las reglas de la riqueza; muchos, en su afanosa búsqueda de prosperidad, creen por el contrario que el dinero carece de naturaleza y leyes propias, piensan que el dinero debe adaptarse a la idea que ellos tienen de él y, de manera casi invariable, cosechan desilusiones y frustraciones.

Ante todo, es preciso comprender con claridad que el dinero no es un objeto, sino una energía. Con frecuencia, se confunden con el dinero los objetos que lo representan; sin embargo, monedas, billetes y cheques son únicamente piezas de metal y de papel, que con todo poseen un poder adquisitivo o, mejor dicho, el poder de controlar cosas y situaciones. El dinero con el que cada día se adquiere el periódico es el instrumento, la energía a través de la cual se controla y satisface el deseo de permanecer informados sobre lo que ocurre en el mundo.

Así pues, se trata de una forma de energía capaz de ejercer efectos profundos y poderosos sobre la realidad cotidiana. En cuanto tal, el dinero se comporta de acuerdo con las leyes propias de cualquier forma de energía, desde la psíquica de la mente humana hasta la eléctrica, y su naturaleza esencial es la del movimiento; el dinero debe permanecer constantemente en circulación, lo cual le permite desempeñar el papel dinámico que asume en nuestra sociedad. Si, por el contrario, simplemente se almacena bajo una baldosa, pierde su valor y padece los efectos devastadores de la devaluación hasta, por fin, desaparecer.

De hecho, el dinero parece premiar a quienes, tras comprender su naturaleza y secundar su carácter dinámico, permiten que fluya libremente por toda la sociedad. Quien adopta esta actitud frente a la riqueza, muestra una predisposición positiva a disfrutar de todos los efectos benéficos de las técnicas que se describen a continuación.

Difícilmente el dinero se siente atraído por quienes aspiran a poseerlo como un fin en sí mismo. Por su naturaleza peculiar, quienes adquieren riqueza con mayor facilidad son aquellos que lo utilizan de manera eficiente y segura, así como en cuanto instrumento de desarrollo y bienestar de sus semejantes, lo cual constituye con frecuencia un requisito decisivo para alcanzar el éxito en cualquier proyecto personal, hasta el punto de que la ganancia o el premio resultan mucho más accesibles si responden a un propósito concreto, y mejor aún si es en beneficio de todos.

Para satisfacer este principio, quien carezca de intención alguna de transformarse en un emprendedor, sino que desea simplemente ganar en uno de los juegos más populares, puede aprovechar un instrumento universal que permite hacer circular el dinero de un modo ventajoso para los demás: la beneficencia. De hecho, regalar un poco del dinero que se obtiene con los negocios o la buena suerte a quien lo necesita satisface todas las condiciones mencionadas hasta ahora, permitiendo circular el dinero y realizar su naturaleza íntima, creando un poco de bienestar y felicidad en el mundo.

La conciencia de los propios fines, recursos y capacidades

El segundo requisito para ser afortunados es la conciencia de lo que se quiere obtener; quien, por el contrario, emprende una iniciativa cualquiera —ya sea invertir en bolsa, poner en marcha una empresa o probar suerte en la primitiva—, suele carecer de una visión de conjunto clara de su propio proyecto.

Por consiguiente, es preciso determinar con exactitud y realismo nuestros objetivos, capacidades y recursos. Si no tenemos experiencia en el campo empresarial, difícilmente podremos jugar en bolsa; si no disponemos del capital necesario, nos será imposible emprender una actividad comercial; si no nos gusta nuestro trabajo, no podremos volcar en él la decisión y el esfuerzo necesarios para alcanzar el éxito.

En el juego, este estado mental está constituido por los diversos aspectos que, unidos en la psique individual, nos permitirán alcanzar una disposición propicia para atraer la buena suerte:

1. la claridad de ideas;
2. un sentido práctico saludable;
3. un deseo intenso;
4. una fe inquebrantable en el resultado final;
5. la capacidad de autosugestión;
6. la planificación de nuestros anhelos.

El primero de estos aspectos, la *claridad de ideas*, nos conferirá la capacidad de materializar nuestros deseos en el campo económico; vale la pena recordar en todo momento el principio, válido en todos los ámbitos, de que «los pensamientos son cosas». Por paradójico que pueda parecer, esta afirmación, si se considera atentamente, revela una realidad concreta y profunda: todos los proyectos que los seres humanos se han propuesto en el

curso de la historia se han originado en la mente antes de concretarse en la realidad práctica.

Este proceso se puede comprobar diariamente dedicando una mínima atención a nuestra vida, todo lo que realizamos y llevamos a cabo —desde una tarea doméstica hasta el proyecto más complejo— se materializa «en nuestro interior» antes de manifestarse «en el exterior». Por consiguiente, puede afirmarse que la mente humana es capaz de realizar cualquier cosa que se proponga, a condición de que posea cierta verosimilitud, por ejemplo, resulta estéril formular la idea de correr más rápido que un coche a toda velocidad, cuando la propia mente sabe perfectamente que es imposible; en caso contrario, se crearía una fractura incurable entre la realidad y el deseo, la imaginación y el mundo concreto, con el fracaso consiguiente de nuestras expectativas.

El *deseo* es el resorte que nos impulsa a emprender cualquier iniciativa y, para los triunfadores, es lo que permite conservar la energía y el entusiasmo iniciales incluso cuando las circunstancias parecen no resultar propicias. Hay que tener en cuenta que no hay nada que pueda obtenerse de inmediato y con facilidad, sino que todo requiere esfuerzo y empeño, aplicación y constancia. Por ello, el deseo debe ser la motivación primera que nos empuja a tentar la suerte y nos induce a perseverar aun tras múltiples intentos fallidos, hasta dar con la fórmula adecuada para triunfar.

Por otro lado, el deseo nos permite tomar la decisión de recorrer un itinerario de aprendizaje, como el que se expone en estas páginas, para poder desarrollar el estado mental y las facultades intuitivas idóneas para alcanzar nuestros propósitos.

El deseo debe ir acompañado por una *fe inquebrantable* en que los esfuerzos que realizamos se verán coronados por el éxito final. No nos referimos, como es obvio, a una fe de naturaleza religiosa, sino de la convicción de alcanzar, al final de unos esfuerzos que pueden antojársenos vanos, aquello que nos hemos propuesto. Esta actitud constituye un punto de apoyo en los momentos difíciles, y nos invitará a perseverar cuando todo parezca ponerse en contra nuestra y creamos perder toda esperanza.

Perder esta fe es una de las peores desgracias que pueden caer sobre un ser humano, ya que significa perder la voluntad, que ha transformado a personas corrientes en seres extraordinarios.

Las biografías de los grandes hombres que consumando sus propios proyectos han permitido el progreso colectivo de la humanidad están plagadas de ejemplos que demuestran cuanto decimos.

Thomas Alva Edison se propuso construir una bombilla que funcionase con energía eléctrica y no con aceite o petróleo. Empezó a experimentar todas las combinaciones técnicas posibles para materializar su idea y, tras diez mil intentos baldíos, logró crear la primera bombilla.

Con frecuencia, tras objetos de uso común se ocultan historias como esta, llenas de esfuerzo, aplicación y riesgos. Los hermanos Wright soñaron con una máquina que volase por el aire, y se propusieron perfeccionarla a pesar de sus numerosos fracasos y de la opinión contraria de las autoridades científicas. Guillermo Marconi concibió un sistema para aprovechar las cualidades del éter y permitir comunicaciones a grandes distancias sin necesidad de hilos. Mientras que en la actualidad parece obvio que la intuición de Marconi era correcta, en su tiempo el inventor tuvo que soportar incluso la humillación de tener que visitar al psiquiatra, precisamente porque decía haber descubierto un principio que permitía la comunicación sin ayuda de cables eléctricos.

Estas personas no se detuvieron ante las dificultades, ni se dejaron desanimar pues, convencidos de que el éxito coronaría sus esfuerzos, prosiguieron su camino, hasta alcanzar la meta que se habían propuesto.

Por todo lo dicho, la fe, mezclada con el poder de la mente, constituye el motor que permite abordar empresas para las que ni siquiera nos creíamos capaces.

Muchos ignoran que este tipo de fe puede adquirirse a través del uso de técnicas que permiten arraigar y madurar esta intensa convicción en la mente. Una vez que una persona ha comprendido y experimentado la eficacia de los principios expuestos en este volumen, tal estado mental tenderá a desarrollarse de manera autónoma y espontánea. El mecanismo utilizado con este fin es el de la *autosugestión*, es decir, la repetición de afirmaciones u órdenes a la mente inconsciente.

Cada impulso del pensamiento, si se transmite a la mente inconsciente un número suficiente de veces y con la intensidad necesaria, será aceptado y traducido en su equivalente físico y material, a través de los medios más convenientes y eficaces.

Está comprobado que una persona puede acabar creyendo en cualquier cosa si se le repite de manera continuada. Este proceso es la esencia misma de la publicidad, de la propaganda y los llamados mensajes subliminales, y se produce con independencia de que tal cosa sea verdadera o falsa. Por utilizar las palabras de Napoleon Hill, «todo individuo es lo que es a causa de sus ideas dominantes, a las cuales él mismo permite ocupar su mente». Las ideas que una persona alberga deliberadamente en su mente de manera apremiante

y continuada acabarán por abrirse un camino y acceder al inconsciente, convirtiéndose en ese momento en verdades indiscutibles para él.

La repetición continuada de mensajes mentales, cuya misión es la de eliminar cualquier emoción negativa o pesimista en la psique y sustituirla por una extremadamente positiva, contribuye a crear un estado mental sumamente propicio para alcanzar nuestros objetivos.

La autosugestión

A continuación vamos a poner un ejemplo de las afirmaciones idóneas para la autosugestión. Debemos leerlas por la noche, justo antes de acostarnos, y reflexionar acerca de su significado mientras nos adormecemos, de manera que puedan penetrar en nuestro inconsciente mientras las defensas de la mente consciente se aflojan.

- Estoy seguro de poseer las capacidades necesarias para alcanzar mis propósitos en la vida. Quiero ser constante y dispuesto en las acciones que me permitirán materializarlos.

- Sé que los pensamientos que dominan mi mente se plasmarán en mis acciones exteriores y se transformarán lentamente en realidades físicas; por ello, me concentraré lo máximo que pueda en el ideal de persona que deseo ser, creando en mi mente una imagen clara de lo que anhelo.

- Sé que, a través de la autosugestión, cualquier deseo que yo quiera realizar acabará por hallar la forma de expresarse a través de medios concretos. Por tanto, debo desarrollar en mí mismo el principio de la confianza y la fe.

- Sé que es preciso conocer con claridad cuál es el fin que me propongo alcanzar, por ello, dedicaré unos minutos al día a reflexionar sobre este punto, y describiré con claridad mi meta.

- Me doy perfecta cuenta del hecho que ninguna riqueza puede ser duradera, a menos que se construya sobre la verdad y la justicia, por consiguiente, no dejaré de actuar de manera que cualquiera de mis ganancias posea un efecto beneficioso sobre el prójimo, ya sea a través del trabajo, la beneficencia o la caridad. Eliminaré, además, todo sentimiento de odio, egoísmo, envidia y cinismo.

Estas afirmaciones pueden parecer simplonas o moralistas, pero son capaces de abrir la mente a la esperanza y la comunicación. Así, la mente será más receptiva a las indicaciones que se encuentran en la base de lo que solemos denominar *intuición*.

Tras haber practicado durante un tiempo esta forma sencilla de autosugestión y haber desarrollado en cierta medida la cualidad mental de la fe, se puede pasar a la fase siguiente, que consiste en la definición precisa del objetivo y la creación de un auténtico plan para llevarlo a cabo.

El método para transformar los deseos en su equivalente económico es relativamente simple de concebir y explicar. A continuación analizamos los puntos esenciales que deben considerarse como auténticas indicaciones prácticas a observar escrupulosamente.

1. *Decidir la cantidad exacta de dinero que se desea obtener.* No basta con desear simplemente «ser rico», «poseer una gran cantidad de dinero» o «tener pasta». Por el contrario, es preciso estar absolutamente seguro de la cifra necesaria para un fin muy concreto. Si nos limitamos a formular un anhelo vago e impreciso, la energía psíquica que logremos movilizar permanecerá igual de dispersa e ineficaz.

2. *Decidir con exactitud lo que estamos dispuestos a dar a cambio del dinero que se desea.* En la naturaleza, todo se manifiesta en forma de intercambio y compensación; la naturaleza odia el vacío y todo lo que se mueve provoca un cambio y un movimiento. En la naturaleza, nada se crea ni se destruye, y lo que pueden parecernos nacimientos y muertes son, en realidad, transformaciones, de manera que cualquier proceso vital se caracteriza por cambios de estado, de lugar o de nivel. Por tanto, para conducirnos en armonía con las leyes de la naturaleza, hay que ser conscientes de que «no se da nada a cambio de nada», sino que todo tiene un precio. La vida se manifiesta en forma de flujo, de energía que corre y que es prácticamente imposible detener. El dinero no es una excepción, y si intentamos que permanezca fijo y deje de fluir, será necesario que otra cosa se ponga en movimiento: dinero, tiempo, capacidades personales o profesionales.

   El método más sencillo de lograrlo es, como se ha dicho, la beneficencia. Debemos decidir desde el principio qué parte de nuestras ganancias estamos dispuestos a gastar, a donar (ni que sea en forma de tiempo dedicado al voluntariado) a quienes tienen menos suerte que nosotros. Una vez decidido, tendremos que atenernos escrupulosamente a la elección hecha. De hecho, las leyes cósmicas son despiadadas y tratar de burlarlas tendría como único resultado obstaculizar el advenimiento de la suerte.

3. *Establecer un propósito muy preciso y concreto para el que deseamos obtener el dinero.* No basta con desear «un millón», «diez millones», «cien millones» y luego detenerse. El dinero carece, en sí mismo, de valor, pues no es más que papel, y si únicamente nos dedicamos a acumularlo, la vida de la persona no cambiará en absoluto. El dinero es una forma de energía, cuyo fluir regula el funcionamiento de la sociedad. No basta, pues, con desear dinero por sí mismo, por el simple gusto de poseerlo. El dinero que se quiere obtener debe emplearse en algo concreto, por ejemplo, en la compra de un objeto útil o en solucionar un contratiempo. Debemos recordar que, entre los diversos fines que podemos imaginar para utilizar el dinero deseado, la mente cósmica se decanta por aquellos que aporten bienestar al mayor número posible de personas. Así pues, una parte debería destinarse en todos los casos a la beneficencia (por ejemplo, un mínimo del 10 al 15 %). Es mucho más probable que el cosmos decida satisfacer las peticiones que se le dirigen si el uso que se haga del dinero obtenido es útil para el prójimo; por ejemplo, entre una petición de dinero formulada por una persona que desee cambiarse de coche y otra de una que quiera destinarlo a ayudar a los necesitados o bien a ampliar su actividad profesional, con la cual aportará un mayor bienestar a la colectividad, el cosmos elegirá sin duda alguna la segunda.

4. *Establecer una fecha precisa para la obtención del dinero deseado.* No siempre las leyes cósmicas permiten que los deseos relacionados con el dinero se realicen. Al establecer un periodo concreto en el que se desea recibir el dinero, podremos comprobar si la petición ha sido atendida o no, evitando perder tiempo a la espera de algo que la suerte ha decidido no concedernos. En tal caso, podremos analizar nuestras propias acciones y, si es preciso, formular una petición de otra índole. Debemos fijar en todo momento una fecha razonable en relación a la envergadura de la propuesta; no debemos pedir ganar un millón en una semana, puesto que resulta materialmente imposible que nadie pueda movilizar en un periodo de tiempo tan corto la energía psíquica necesaria para atraer una suma semejante.

5. *Determinar de forma precisa en qué campo se desea obtener el dinero en cuestión.* Se puede pensar en el juego, como es el caso de quien utilice este libro, en una actividad profesional, en inversiones, etc.

6. *Escribir todo lo que se ha decidido en relación a los puntos anteriores.* Debemos anotar la suma de dinero que se desea, lo que estamos dispuestos a dar a cambio tras haberla obtenido, el propósito para el que se necesita el dinero, la fecha y la forma de obtenerlo.

7. *Leer lo que escribimos, en voz alta, dos veces al día.* Hay que repetir esta operación en cuanto nos levantemos y antes de acostarnos. Mientras leemos la lista, debemos imaginar que ya estamos en posesión de la suma en cuestión, que «sentimos» la emoción que nos embargaría si ya hubiésemos recibido el dinero.

Capacidad de extraer energías de la mente inconsciente

Queda aún por tratar el principio más complejo en los que se basa la prosperidad, esto es, el sistema a través del cual se puede, no sólo enviar mensajes a la mente inconsciente para que esta los transforme en acciones concretas en la vida cotidiana, sino también extraer de ella indicaciones o sugerencias, o incluso presagios, para alcanzar con mayor facilidad los propósitos prefijados.

Esta posibilidad de extraer informaciones del inconsciente presupone el desarrollo de una de las facultades ocultas de la mente: la intuición. Esta nos permitirá no sólo interpretar con mayor claridad los sueños y obtener de esta manera indicaciones más seguras y precisas acerca de los números a los que debemos jugar en la primitiva y la bonoloto, sino también utilizar con eficacia otros instrumentos, como las cartas que se adjuntan con este volumen.

Los sueños

Para poder explicar qué es un sueño, es preciso plantearse preguntas concernientes a nuestra existencia y cuestionarse si estamos viviendo en plenitud.

Hay personas que llevan una vida muy superficial, como si todo lo que les ocurre se redujera a algo puramente externo, que ellas atraviesan recibiendo las numerosas experiencias que el mundo les ofrece o tratando de modificarlas.

Estas personas no comprenden que las experiencias que viven en su existencia cotidiana poseen también un reflejo en su interior, dejando una huella muy profunda.

Además de su realidad externa, el ser humano dispone de una interior, y ambas partes de la psique deben ser integradas, armonizadas, de manera

que el individuo pueda saborear la plenitud de sus propias posibilidades en la vida cotidiana. El psicoanálisis emplea términos para aludir a esta parte oculta del hombre refiriéndose también a las divisiones de su interior: subconsciente, inconsciente, *anima*, *animus* o sombra son algunos de los vocablos que se utilizan para denominar el mundo interior, cuyo estudio constituye, en palabras de los científicos, la próxima frontera de la exploración humana.

Esta parte oculta de la psique contiene los recuerdos más remotos en el tiempo, olvidados por la mente consciente, y es asimismo la sede donde se almacenan aquellos acontecimientos que no hemos aceptado, los aspectos negativos de la personalidad o recuerdos desagradables que, a pesar de haber apartado de la mente consciente, continúan existiendo, a despecho de nuestro intento de suprimirlos. Para llevar una existencia armónica, es preciso que ambas partes de la psique se integren, para lo cual el espíritu trata continuamente de establecer y mantener una conexión entre ambos mundos. Así, la persona puede detectar las partes de su propia psique que precisan curación mediante técnicas médicas, meditativas o introspectivas, descritas por el psicoanálisis y la psicología.

El inconsciente y el subconsciente no son únicamente depósitos de recuerdos olvidados o desagradables, sino que constituyen también una especie de memoria colectiva, que incluye la experiencia evolutiva de toda la especie humana y, según las teorías darwinistas, las de todas las demás formas de vida presentes sobre la capa de la tierra. En tal sentido, el inconsciente es una fuente de energía que, si se estimula y canaliza de manera adecuada, puede ayudarnos a alcanzar nuestros objetivos.

Las técnicas de visualización creativa y de autosugestión consciente, de *training* autógeno, de meditación en todas sus formas y las de Yoga-Nidra están basadas en la convicción de que una sugerencia —palabras, imágenes o incluso únicamente sonidos— que logre superar la barrera de la mente consciente y penetre en el reino del inconsciente, hallará tarde o temprano una manifestación plena en la vida cotidiana.

Hace unos años, el atleta Pietro Mennea sorprendió a quienes le consideraban demasiado viejo para poder competir en las carreras internacionales al clasificarse para los Juegos Olímpicos. Al ser preguntado sobre el secreto de su segunda juventud, Mennea respondió que se había dedicado a cultivar una técnica mental que le había permitido cosechar unos resultados impensables a su edad. Descrita de la forma más simple posible, la técnica que el atleta había empleado consistía en relajar el cuerpo todo cuanto podía, reduciendo al mínimo el trabajo de la mente consciente, y enviar sugestiones a las

capas más profundas de la psique, demostrando de esta manera que, realmente, la mente es capaz de incidir en ciertos casos sobre la materia.

Por consiguiente, el inconsciente es sobre todo un aliado poderoso, cuya ayuda puede resultarnos de extrema utilidad en cualquier circunstancia de la vida, desde las más cotidianas y concretas hasta las específicas de la vida interior.

La conexión entre la mente consciente y el inconsciente con frecuencia se debe a los sueños, los cuales no se reducen a simples residuos nocturnos de los sucesos de la jornada, sino que representan además un puente de contacto con un mundo de infinitas posibilidades: el reino de los arquetipos compartidos con toda la raza humana y, según las teorías esotéricas, con la que se conoce como mente cósmica, la fuente de vida del universo entero.

Esta conexión suele realizarse mediante las imágenes con las que la mente traduce aquello que desea comunicar, y se ve facilitada si la persona está familiarizada con las técnicas que permiten agudizar las facultades intuitivas. Se trata de prácticas, procedentes tanto de las tradiciones orientales como de las occidentales, que consisten en ejercicios de concentración y meditación, orientados a facilitar el contacto con la parte más oculta y rica de la persona.

¿POR QUÉ SE SUEÑA?

La psicología, la psiquiatría y el psicoanálisis dan respuestas distintas a la pregunta sobre el motivo de los sueños.

Sigmund Freud definió el sueño como el medio por el cual la mente satisface de manera metafórica y simbólica un deseo que la parte consciente ha reprimido.

Carl Gustav Jung trató de explicar el fenómeno onírico en función de su teoría de los arquetipos, recuerdos ancestrales que se remontarían a los albores de la humanidad y que se hallarían, de un modo más o menos latente, en la psique de todos y cada uno de los seres humanos. Es el caso de las figuras paterna y materna, del fuego o la guerra. La mente utilizaría estos arquetipos en los sueños para comunicar, a través de un lenguaje simbólico y colectivo, qué está ocurriendo en el mundo interior e inconsciente de la persona.

Más allá de las diferencias teóricas, está admitido que las causas de los sueños son múltiples y que, en ocasiones, pueden incluso ser de naturaleza física. Por ello debemos evitar caer en la trampa de la interpretación literal de un sueño que, con frecuencia, posee una razón mucho más lógica y concreta de lo que podría esperarse.

Durante el sueño, la mente se ve liberada de las actividades que la mantienen ocupada durante la vigilia, como es el registro y transmisión de los impulsos del cerebro a las articulaciones o la interpretación de los estímulos

captados de la realidad por los sentidos. Se encuentra, sobre todo, libre de las máscaras que el individuo suele adoptar para disimular su personalidad auténtica y ser aceptado socialmente, llevando una existencia escindida. De este modo, la mente podría desahogarse y funcionar sin restricciones de acuerdo con sus propios mecanismos. En este punto aparecen los sueños, que pueden dividirse en varias categorías, en función de su causa desencadenante.

1. *Sueños que responden a estímulos sensoriales procedentes del interior del cuerpo de quien sueña.* Suelen obedecer a una necesidad física que no ha sido satisfecha y constituyen una compensación onírica a requerimientos puramente biológicos.

2. *Sueños que responden a estímulos sensoriales procedentes del exterior del cuerpo de quien sueña.* Se trata de casos en los que se sueña un incendio, una inundación o una congelación, provocados con frecuencia por simples sensaciones de calor, humedad o frío.

3. *Sueños que responden a estímulos de naturaleza patológica.* Las indisposiciones del cuerpo y de la mente, desde las más leves a las más graves, son capaces de crear estímulos muy potentes que el inconsciente enmascara simbólicamente y envía a la mente como señal de alerta. Se trata de sueños habitualmente tristes y penosos, o sumamente raros y extravagantes.

4. *Sueños que responden a un estímulo psíquico.* Están provocados por un trastorno o una fuerte impresión psíquica, que la mente ha conservado y se replantea durante el sueño. Entre las innumerables posibilidades, hay que recordar en concreto los espectáculos de impacto, las preocupaciones profesionales, los esfuerzos y compromisos serios y prolongados, etc. Por ejemplo, no es raro el caso de quien sueña continuamente que debe pasar el examen de selectividad, o de quien, tras conducir durante muchas horas, sueña que sigue al volante indefinidamente, sufriendo accidentes de carretera.

5. *Sueños premonitorios o proféticos.* Se trata de una categoría de sueños no reconocidos por la medicina clínica, pero que, a los efectos prácticos, son los más importantes, aquellos que, si se interpretan correctamente, proporcionan las indicaciones más útiles para tentar la suerte.

A pesar de la resistencia que muestra parte de la ciencia a aceptar estos y muchos otros aspectos de la psique humana, se pueden detectar rastros de sueños premonitorios o proféticos en casi todas las tradiciones religiosas, tanto occidentales como orientales. En el Antiguo Testamento aparecen numerosos casos de sueños proféticos, interpretados con frecuencia por personajes relevantes de la historia del pueblo de Israel, como José, hijo de Jacob y de Raquel, cuyas interpretaciones permitieron incluso al faraón de Egipto precaverse contra los devastadores efectos de una época de escasez.

Los sueños premonitorios pueden dividirse en dos grandes categorías:

— sueños que no poseen un significado claro;
— sueños en los que una persona querida revela cuáles son los números de la suerte.

La ciencia no atribuye valor alguno ni a uno ni a otro tipo de sueños, si bien hay personas dispuestas a jurar que han acertado premios importantes jugando a los números que les habían sido revelados explícitamente por parte de un allegado difunto.

En lo que respecta a los sueños premonitorios de la primera categoría, se plantea la dificultad de elegir una de las interpretaciones simbólicas posibles, distinguiendo entre la que merece nuestro crédito y aquella otra que únicamente nos informa a nivel simbólico, por lo que no debe utilizarse para deducir los números de la suerte.

En este aspecto, se hace necesario el uso de técnicas que se describen a continuación, gracias a las cuales cualquiera podrá afinar su propia intuición. Esto no sólo le permitirá adivinar los números de la suerte mediante otros métodos (como, por ejemplo, las cartas), sino también comprender qué símbolos, de los muchos presentes en un sueño, deben ser tenidos en consideración, y cuáles no.

La concentración

En un libro dedicado a la interpretación de los sueños y a los sistemas para ganar en la primitiva, puede parecer extraña la exposición de un método práctico para afinar nuestra capacidad de concentración e intuición.

La práctica constante de la concentración y la meditación provoca un estado de profunda y segura intuición, gracias a la cual la persona podrá interpretar con certeza los indicios que le proporcionan los sueños y las cartas, captando así su auténtico significado.

De hecho, en un estado de profunda calma y concentración, la persona gana en receptividad respecto a su inconsciente, que es capaz de aconsejarlo y conducirlo en las situaciones más dispares de la vida.

La concentración y la intuición permiten recurrir de manera consciente, siempre que se desee, a la inmensa reserva de energía y sabiduría del inconsciente. En un estado de concentración profunda, el ser humano recibe de los sentidos una mayor cantidad de impresiones en comparación con lo que percibe habitualmente, y la mente, atenta y consciente, es capaz de descifrarlas.

Este sistema, compuesto por técnicas de la tradición del Yoga, se propone conducir al individuo hacia una conciencia creciente de los mecanismos de su propia vida interior, que habitualmente no son percibidos a causa de las innumerables distracciones de la existencia cotidiana. Para alcanzar esta lucidez, es preciso acostumbrarse a relajarse, gracias a lo cual eliminaremos gran parte de las distracciones procedentes de los sentidos, así como a respirar regular y profundamente, que infunde calma y paz a la mente e impone un primer freno al flujo, con frecuencia incontrolado, de pensamientos. Podemos empezar con unos ejercicios de concentración, fijando la atención durante un periodo de tiempo más o menos breve en un único objeto o concepto, tratando de evitar que ideas extrañas nos aparten de la conciencia que tenemos de él.

Por último, podemos tratar de meditar, es decir, de alcanzar un estado de conciencia expandida. La mente se libera progresivamente de los vínculos de la personalidad cotidiana y la individualidad, y se conecta, por un lado, con el inconsciente, y por el otro con la fuerza que las tradiciones han llamado con nombres diferentes, pero que se halla en el origen de la vida en el universo. En este estado de conciencia la mente será capaz de reconocer y comprender con mayor claridad y seguridad los mensajes y presagios derivados del inconsciente, con independencia del instrumento que este utilice para comunicarse con nosotros. La práctica continuada de estas técnicas aumentará enormemente la facultad de soñar y de recordar los sueños e interpretarlos correctamente.

> **LA DURACIÓN**
>
> Antes de pasar a la exposición del método de concentración y meditación, hay que tener en cuenta que, antes de poder llegar a dominarlas de manera eficaz, las técnicas que se expondrán a continuación pueden requerir un periodo de entrenamiento cuya duración varía en función de la propensión natural de cada individuo. Sin embargo, una vez adquirida cierta familiaridad con ellas, el proceso para alcanzar un estado mental de profunda intuición se volverá extremadamente breve y rápido.

Postura física

El primer paso para alcanzar un estado de concentración consiste en adoptar una postura física cómoda y que nos permita no ser molestados por las sensaciones procedentes de los sentidos. De hecho, según la tradición del Yoga, la mente es como un lago de aguas turbias, continuamente agitadas por la afluencia de cinco ríos (los sentidos) que nos arrastra hacia el fondo impetuosamente; si se logra detener el curso de estos ríos, las aguas del lago estarán en calma y en su superficie se reflejarán los rayos del sol sin distorsión alguna. Si conseguimos eliminar las distracciones continuas que suponen las impresiones externas a la mente, la persona será capaz de escuchar con claridad las sugerencias de la intuición.

Esta condición puede conseguirse de manera satisfactoria con un ejercicio muy simple. Hay que adoptar una postura cómoda, sentados o tumbados, y permanecer absolutamente inmóviles, tratando de prestar atención a las sensaciones del cuerpo, a todo lo que parece estar sucediendo «debajo

de la piel». No hay que tratar de relajarse voluntariamente, ni de respirar de un modo especial, ni esforzarse en concentrar la mente en algo exterior al cuerpo. De hecho, no se requiere esfuerzo alguno, ni prácticas arduas de ningún tipo, basta con oír lo que nuestro propio cuerpo nos propone, prestando atención a un sinfín de estímulos físicos que, normalmente, permanecen sepultados bajo un torbellino de sensaciones. Hay que mantener este estado altamente receptivo respecto a la sensibilidad corporal, simplemente haciéndonos cargo de ella sin entrar a juzgarla.

Por sencillo que pueda parecer, este ejercicio puede plantearnos ciertas dificultades al principio, dada la falta de costumbre de permanecer quietos durante un tiempo superior a unos minutos; no sólo se aburrirá la mente, liberada de la tarea de descifrar los signos de los sentidos, sino que el cuerpo, poco acostumbrado a la inactividad, tratará de distraerse a toda costa mediante pequeñas descargas musculares, picores o pequeños calambres. Debemos hacer caso omiso de estos estímulos, cueste lo que cueste. Por ejemplo, si mientras estamos inmóviles, sentados o tumbados, notamos una sensación de picor en una parte cualquiera del cuerpo, haremos como si nada, no nos rascaremos, sino que nos limitaremos a «observar» nuestra sensación; de hecho, tarde o temprano el estímulo desaparecerá por sí solo, o bien la atención se verá atraída por otra sensación en alguna parte del cuerpo.

A medida que logremos aumentar espontáneamente la duración del ejercicio, hasta alcanzar la media hora, más o menos, comprobaremos que nos hemos vuelto mucho más conscientes de partes de nuestro cuerpo que normalmente habíamos ignorado, y que hemos adquirido una mayor conciencia de ciertos procesos físicos, sobre todo de naturaleza muscular. Sea como fuere, el principal resultado de este ejercicio consiste en la capacidad de aislarse de las distracciones procedentes del exterior, y de dirigir la atención en una dirección deseada; este es el primer paso hacia la concentración.

Respiración y relajación

El segundo paso hacia una buena concentración consiste en conferir regularidad a las funciones respiratorias. Una respiración tranquila y profunda es fundamental para llegar a obtener algún resultado en este sentido. Si recordamos situaciones en las que nos sentimos profundamente agitados, caeremos en la cuenta de que nos costaba respirar y éramos incapaces de concentrarnos en el tema más nimio. A partir de la experiencia de miles de practicantes de Yoga, se ha puesto de manifiesto que la tranquilidad mental

y la regularidad respiratoria se encuentran íntimamente unidas y se influyen recíprocamente; si nos cuesta concentrarnos cuando la respiración es irregular y dificultosa, podemos influir sobre la mente y apaciguarla variando el ritmo respiratorio.

Este ejercicio es muy sencillo, pero practicarlo durante un periodo superior a diez minutos puede resultar difícil para quien aborde por primera vez este tipo de práctica.

Hay que adoptar la postura del ejercicio anterior y, tras unos minutos de inmovilidad, prestar atención al ritmo de la respiración, considerando si es lento y profundo o, por el contrario, irregular y demasiado rápido.

Una vez que hemos establecido este punto, debemos respirar de la forma más lenta y profunda que podamos; tampoco en este caso hay que esforzarse, si notamos una sensación molesta, significa que nos estamos forzando con demasiada violencia, mientras que la regulación de la respiración debe ser un proceso lento y natural. El único esfuerzo que debemos tolerar es el de imponernos a la sensación de aburrimiento que nos provocará ya que, comparado con el ritmo frenético de la vida cotidiana, nos parecerá artificial permanecer quietos sin hacer nada.

A continuación, seguiremos respirando de manera profunda y regular, sin forzarnos, hasta que este tipo de respiración se haya convertido en algo completamente natural.

Llegado este momento, podemos empezar a prestar atención a la forma en que se manifiesta la respiración, ahora lenta y profunda. Pocas personas respiran de un modo saludable y adecuado a las exigencias de su organismo. Probablemente, comprobaremos que únicamente respiramos con una parte de los pulmones; esto se hace evidente si observamos la parte del tronco que se hincha durante la inspiración.

Respirar de un modo correcto

Para percatarnos de la forma en que respiramos, basta con mantener las manos suavemente sobre el pecho y el vientre mientras adoptamos la postura en que realizaremos este ejercicio; durante el ciclo de inspiración y espiración, comprobaremos qué mano se levanta primero al inspirar, y cuál desciende primero al espirar. Debemos tener en cuenta que una respiración correcta ensancha primero la parte inferior del tronco, luego la intermedia y por último la más elevada.

La espiración, por el contrario, vacía en primer lugar la parte alta del tronco, luego la intermedia y por último la inferior.

Una respiración correcta y saludable desde el punto de vista médico utiliza toda la capacidad de los pulmones; dedicaremos unos ejercicios a asegurarnos que la respiración respete esta regla, sencilla pero esencial. Por ejemplo, las personas que suelen utilizar cinturones y pantalones ajustados a la altura de la cintura se ven obligados a respirar con la parte superior de los pulmones, hinchando por consiguiente la parte correspondiente del tórax. El psicoanalista austriaco Wilhelm Reich puso de manifiesto que gran parte de los problemas emotivos de las personas se originan en las tensiones musculares provocadas por una respiración incorrecta. Por ejemplo, una persona que ha desempeñado durante muchos años un puesto de responsabilidad, probablemente no sólo habrá desarrollado un grave problema de estrés psicológico, sino que también tendrá la sensación de «cargar el mundo sobre los hombros», con la consiguiente tensión antinatural de los músculos del cuello y la parte superior de la espalda. Por consiguiente, su respiración será dificultosa y a menudo fatigosa, lo cual le provocará a su vez problemas y estrés de naturaleza física.

Una vez logremos respirar de forma correcta, podemos pasar a la fase de relajación. Una respiración correcta asegura que la energía vital, que en el Yoga recibe el nombre de *prana*, se distribuye adecuadamente por todo el organismo; tras alcanzar esta condición, es el momento de dedicarse a la eliminación de las tensiones musculares del cuerpo.

Relajarse es una práctica sencilla y, al mismo tiempo, difícil; de hecho, la técnica que se utiliza con este fin resulta sumamente fácil de aprender, pero su aplicación correcta y eficaz suele encontrar una fuerte resistencia en las tensiones presentes en el cuerpo.

Una vez que alcancemos con facilidad una respiración lenta, profunda y correcta, cerraremos los ojos y, durante unos minutos, trataremos de escuchar las sensaciones de nuestro cuerpo, siguiendo el proceso que describimos a continuación:

1. Concentraremos la atención en los pies, primero en el derecho y luego en el izquierdo; moveremos los dedos, tratando de percibir cada sensación muscular relacionada con este movimiento. Tras repetirlo durante unos minutos, tensaremos con fuerza los músculos de los pies y luego los relajaremos por completo.

2. Repetiremos esta operación con las demás partes del cuerpo, de acuerdo con este orden:

- pantorrillas;
- muslos;
- vientre;
- abdominales;
- pectorales y hombros;
- manos y brazos;
- músculos del cuello;
- músculos de la cabeza.

3. Llegados a este punto, con los ojos cerrados, imaginaremos una luz azul, tibia, fuente de bienestar; imaginaremos que esta luz nos está envolviendo los pies, que primero se ven rodeados y luego inundados por esta luz azul que alivia por completo las tensiones musculares. Nos diremos a nosotros mismos: «mis pies están completamente relajados».

4. Repetiremos la misma operación y la frase correspondiente («mis... están completamente relajados») con las demás partes del cuerpo:

- pantorrillas;
- muslos;
- bajo vientre;
- abdominales;
- pectorales y hombros;
- manos y brazos;
- músculos del cuello;
- músculos de la cabeza.

5. Al terminar este proceso, el cuerpo estará completamente lleno de luz azul, tibia y benéfica, y deberemos decir: «estoy completamente relajado».

Una vez hayamos alcanzado este estado de relajación, debemos permanecer en él durante al menos cinco o diez minutos, tratando de asimilar el estado en el que nos encontramos, para poder recordarlo luego cuando nos hallemos en otras circunstancias.

Este estado, aunque bastante difícil de alcanzar, al menos al principio, puede ser aprendido. A medida que experimentemos esta técnica, el proceso requerirá cada vez menos tiempo.

En caso de que, durante el proceso, los músculos padezcan sacudidas repentinas, no debemos preocuparnos, se trata de tensiones musculares que se están desahogando libremente.

Cuando estemos en disposición de relajarnos de manera rápida y eficaz, procuraremos mantener una respiración rítmica, imponiéndole una duración definida y una proporción equilibrada entre inspiración y espiración; de este modo, también conferiremos un ritmo regular a muchas de nuestras funciones vitales internas. Por otro lado, también la mente se verá beneficiada, al extraer de ello una sensación de calma.

Para alcanzar este objetivo, hay que proceder del siguiente modo:

1. vaciar por completo los pulmones;
2. inspirar lentamente, contando hasta cuatro;
3. contener la respiración, contando hasta dos;
4. vaciar los pulmones, contando hasta cuatro;
5. contener la respiración, contando hasta dos.

Si nos asalta la menor sensación de molestia física, debemos interrumpir de inmediato el ejercicio. El estado al que hay que acceder gradualmente es aquel en el que la respiración, lenta y profunda, posea un ritmo regular, inspiración y espiración deben poseer la misma duración, mientras que los dos momentos en que contenemos el aliento durarán la mitad. Con el tiempo, la profundidad de la respiración irá aumentando, antes de completar una inspiración, por ejemplo, se podrá llegar a contar hasta seis, e incluso hasta ocho. Lo cual querrá decir que se está recuperando una parte de la capacidad pulmonar que anteriormente no habíamos utilizado.

Una respiración rítmica ejerce un efecto sumamente positivo sobre todo el organismo, se obtiene una profunda paz mental y una mayor regularidad de las más variadas funciones físicas; además, es sabido que, en caso de estrés o tensión, se suele recurrir instintivamente a este tipo de respiración, y nos sorprendemos respirando rítmicamente sin habérnoslo propuesto conscientemente.

Fijar la mente en un punto: la concentración

Según Patanjali, la concentración consiste en fijar la mente en un objeto exterior o en un punto interior, es decir, una parte interna del cuerpo o un concepto. Todo cuanto hemos explicado en las páginas anteriores tenían el objetivo de abrir el acceso a las primeras experiencias de concentración.

De la definición de Patanjali se deduce que no puede haber concentración sin un objeto sobre el que efectuarla; no hay concentración orientada sobre sí misma, aislada del mundo; sin un objeto que se convierta en su punto focal, la facultad de atención de la mente no tiene nada sobre lo que establecerse.

Cuando se practican los primeros ejercicios de concentración, las dificultades pueden parecer insuperables. El aburrimiento inicial, junto con la tendencia de la mente a divagar según los itinerarios de pensamientos asociativos, nos

darán la impresión de una pérdida de tiempo, y la sola idea de fijar nuestro pensamiento en un único objeto o concepto nos parecerá una estupidez. Se requiere una constancia notable para vencer estas adversidades iniciales y obtener resultados dignos de mención. Todos poseemos la facultad de concentrarnos, si bien está atrofiada a causa del ritmo frenético a que nos aboca la vida moderna. Sea como fuere, es posible despertar esta capacidad mediante la aplicación de técnicas adecuadas. La clave del éxito no consiste en la cantidad de tiempo que se dedique a los ejercicios de concentración, sino a su constancia y regularidad; para los ejercicios mentales o el Yoga, es mejor diez minutos cada día que dos horas a la semana. Lo que importa es imponer a las facultades físicas y psíquicas un ritmo, una regularidad en la práctica. No es necesario, como en muchas formas de Yoga, realizar ejercicios siempre a la misma hora del día, sino que basta con realizarlos diariamente, para acostumbrar a la mente de modo gradual a la disciplina que se le quiere imponer.

Además de ayudar a desarrollar la intuición, estas técnicas se revelarán útiles para cualquier eventualidad de la vida; una persona capaz de concentrarse siempre contará con un margen suplementario en cualquier campo, aprovechará mejor el estudio y será más hábil en su trabajo. La capacidad de ausentarse de las emociones y los instintos de la mente confieren a la persona una mayor eficiencia en cualquier actividad o profesión.

El estado mental que se trata de alcanzar es el del niño cuya atención está completamente absorta en un juguete muy bonito, el del lector inmerso en la lectura de un libro, el del espectador tan interesado en un espectáculo que no repara en lo que le rodea. Todas estas experiencias son espontáneas e involuntarias, se producen sin que nos demos cuenta de ellas y no podemos repetirlas a nuestro antojo; el mismo libro que tanto nos apasionó en su día, porque incidía sobre ciertos puntos interiores especialmente sensibles en tal momento, en una segunda lectura puede parecernos insípido. Las técnicas que se ilustran en este libro se proponen, por el contrario, permitirnos entrar en este estado de concentración total de la mente sobre una idea o un objeto a nuestro antojo.

Ejercicios de concentración

Vamos a describir algunos ejercicios de concentración que, inicialmente, nos resultarán de utilidad tanto para comprender la dificultad que supone fijar la mente en un único tema durante mucho tiempo, como para mejorar nuestra capacidad de atención.

1. Nos sentaremos frente a una mesa, procurando que la habitación esté bien iluminada y que los ojos no se cansen; adoptaremos una postura cómoda y natural, a ser posible la misma en que solemos realizar los ejercicios de respiración. Tomaremos una baraja española o un mazo de cartas del tarot y extraeremos cinco o seis naipes sin mirarlos. Pondremos las cartas delante de nosotros, una a una, y las miraremos intensamente durante no más de cinco segundos; luego, apartaremos la vista y las taparemos sin mirar.

Llegados a este punto, trataremos de recordar de qué cartas se trataba y escribiremos lo que recordemos en un folio de papel.

Luego, giraremos las cartas y comprobaremos si las recordábamos con exactitud.

Este ejercicio puede modificarse de múltiples maneras: se puede aumentar el número de cartas observadas y recordadas, o bien cambiar el tiempo en que se miran y tratar de recordarlas; se puede repetir el experimento inmediatamente después de haber escrito los nombres de las cartas sin controlarlas, y luego contabilizar los intentos hechos únicamente al final.

Comprobaremos dos hechos fundamentales: que, con el tiempo, la capacidad de recordar con exactitud las cartas aumenta, mientras que los intentos repetidos durante una sola sesión de ejercicios darán resultados cada vez peores.

La explicación de ello reside en que la capacidad de concentración mental se comporta como un músculo, que se agota por un esfuerzo demasiado intenso y prolongado, pero que mejora sus prestaciones si se entrena durante largo tiempo.

2. Nos sentaremos cómodamente, tras buscar una agradable penumbra en la habitación en que se realiza el ejercicio. Junto al punto en que estamos sentados, hay que colocar un reloj cuyo tic-tac sea lo bastante fuerte como para poder escucharlo sin que nos perturbe.

Tras relajarnos y realizar unas respiraciones profundas, trataremos de fijar la atención en el ruido del reloj. En este caso, también anotaremos el periodo de tiempo durante el cual logramos mantener concentrada la mente en el ruido del reloj; en un primer momento, serán pocos segundos, que poco a poco irán aumentando hasta convertirse en minutos.

Como en los restantes ejercicios de concentración, no debemos esforzarnos excesivamente; cada vez que la mente se aparte del objeto de la concentración, hay que devolverla suavemente hacia atrás, como si empezára-

mos el ejercicio en aquel justo momento y sin preocuparnos demasiado del resultado obtenido hasta entonces.

3. Nos sentaremos cómodamente en una habitación bien iluminada y sostendremos enfrente una imagen cualquiera, una foto, un dibujo o una postal, que únicamente tenga dos dimensiones. La sostendremos o la pondremos sobre la mesa, para verla bien sin cansar la vista. La miraremos atentamente pensando en ella; por ejemplo, si se trata de un paisaje, lo describiremos mentalmente.

Como en los ejercicios anteriores, se anotarán los resultados de los experimentos; la facultad de concentración mejorará a medida que se avance en el ejercicio. Si la mente se distrae tras anotar el resultado, empezaremos desde el principio, sin que el ejercicio en su totalidad dure más de diez o quince minutos. Con el tiempo, podremos practicar durante periodos más prolongados, si bien la regla sigue siendo la misma: parar en cuanto percibamos el menor síntoma de fatiga mental.

4. Nos sentaremos y leeremos dos o tres páginas de un libro que trate un tema interesante. Tras devolver el libro a su sitio, reflexionaremos sobre lo que hemos leído, alejando de la mente cualquier otro pensamiento que no ataña al tema en cuestión.

La mente tratará de rebelarse a esta forma de disciplina y segregará decenas de ideas extrañas que tratarán de distraer nuestra atención de lo que nos habíamos propuesto hacer.

No nos esforcemos en alejar de la mente las distracciones; observémoslas e imaginemos que, lenta y espontáneamente, desaparecen; por ejemplo, si nos viniera a la cabeza que debemos llevar el coche al mecánico, basta con seguir el razonamiento e imaginar que lo hacemos o incluso que ya lo hemos hecho; la idea se esfumará lentamente por sí misma, y entonces podremos volver al tema inicial.

A medida que repitamos este ejercicio y logremos concentrarnos durante periodos cada vez más largos, comprobaremos que la mente empieza a proponer largas cadenas de asociaciones de ideas a partir del tema de partida; al final, estas impresiones intensas y conceptos sumamente sólidos constituirán parte integrante del conocimiento íntimo del propio tema.

De este modo, se experimenta una primera forma de meditación, en el curso de la cual el acto de fijar la mente en un tema o en un objeto consti-

tuye una fuente de conocimiento del propio objeto y del contexto en que se encuentra. Se trata, más o menos, de los estados mentales que en el Yoga reciben el nombre de *Dharana* y *Dhyana*.

5. Nos sentaremos cómodamente en una habitación oscura, o en penumbra, tapándonos las orejas con algodón o cera. Tras relajarnos, trataremos de «oír» en nuestro interior el sonido de un instrumento musical. Al principio, será útil imaginar el sonido de un instrumento que nos guste y que ejecute una melodía que conozcamos bien.

En una segunda fase, pasaremos a sonidos más burdos, como el ruido de las piedras al caer o de instrumentos de percusión, para pasar por último a sonidos más complejos, como los que emite una gran orquesta sinfónica.

Lo que cuenta es desarrollar la capacidad de crear sonidos interiores y concentrar en ellos nuestra atención; esta capacidad crecerá a medida que repitamos el ejercicio.

6. Nos sentaremos cómodamente en una habitación en penumbra, cerraremos los ojos relajándonos; dejaremos que la respiración adopte el ritmo al que nos hemos acostumbrado. Cuando estemos relajados por completo, imaginaremos que percibimos un olor conocido; se recomienda empezar con olores bastante fuertes, fáciles de reconocer y, por tanto, de imaginar.

Cuando el olor parezca que se escapa, no hay más que empezar desde el principio y volver a imaginarlo. Al menor signo de fatiga mental, como siempre, debemos interrumpir el ejercicio.

7. Nos sentamos cómodamente en una habitación en penumbra, tras colocar una vela encendida en la mesa que tenemos enfrente; respiraremos profundamente, relajándonos y tratando de fijar la mirada en la llama de la vela. En cuanto notemos el menor síntoma de cansancio en los ojos, los cerraremos recreando la imagen de la llama con los ojos cerrados.

Cuando hayamos alcanzado cierta habilidad y seamos capaces de mantener en la mente la imagen de la llama durante al menos un minuto, cambiaremos el ejercicio. Fijaremos la mirada en la vela y luego, justo antes de cerrar los ojos, la apagaremos de un soplo. Con los ojos cerrados y con la ayuda de los demás sentidos, trataremos de imaginar nuevamente la llama y de percibir, incluso con la vela apagada, el ruido de la mecha consumiéndose, el

olor acre del humo que produce la vela al apagarse, etc., incluyendo todos los demás elementos que seamos capaces de captar.

8. Al aire libre, en una noche serena y con una meteorología favorable, nos tumbaremos o sentaremos de manera que podamos ver bien la luna y nos concentraremos en ella.

Según Swami Sivananda Sarasvati, este ejercicio ejerce un efecto calmante notable sobre personas muy emotivas.

9. Repetiremos el ejercicio anterior, concentrándonos en una estrella.

10. Al aire libre, concentraremos la atención en el azul del cielo, dejando que la mente se identifique con el infinito de la bóveda celeste.

Todos estos ejercicios se proponen adiestrar nuestra capacidad de concentración en relación con, al menos, tres de nuestros sentidos: vista, oído y olfato. Cuando seamos capaces de ver algo, percibir un olor u oír un ruido, con claridad, habremos alcanzado un resultado envidiable y podremos abordar el último ejercicio de concentración, antes de pasar a la meditación.

11. Nos sentaremos cómodamente, relajándonos y respiraremos con profundidad; cerraremos los ojos y trataremos de imaginar un objeto; no importa qué objeto elijamos, todos son igualmente adecuados y basta con que no estén presentes en la habitación. De este modo, no tendremos ninguna referencia inmediata para imaginarnos su color, tamaño, forma y otros detalles concretos; tendremos que recurrir a la memoria y la imaginación.
Imaginar entonces que tenemos el objeto enfrente; no importa si su tamaño es el real, sino que mantenga la proporción entre sus partes. Si la mente tiende a distraerse, cambiaremos nuestro ángulo de visión (de frente, de lado, desde arriba) desde el que observamos tal objeto; así, se proporciona a la mente material adicional sobre el que trabajar, sin cambiar de objeto.

Resulta muy útil imaginar objetos que tengan no sólo una forma física, sino que produzcan también ruido y olor, como un reloj de péndulo o una olla al fuego. La actividad de la imaginación se verá facilitada por la presencia de otros elementos, que ocuparán la mente impidiéndole que divague. Cuando mantengamos la visión mental de un objeto durante al menos cinco minutos, podemos pasar a los ejercicios de meditación.

La meditación

La meditación, a pesar de ser un concepto muy discutido en las filosofías orientales o en aquellas que se conocen como «ciencias de la mente», no posee una definición compartida por todas las escuelas, ni siquiera en Oriente.

Si la concentración es «fijar la mente en un objeto externo o en un concepto», la meditación puede definirse como un flujo continuo de pensamientos sobre tal objeto o concepto; mientras que la concentración en un reloj de péndulo consiste en fijar la atención en su forma, movimientos y ruidos, la meditación acerca del mismo reloj, en cambio, consiste en reflexionar sobre él.

Se trata de un flujo de pensamientos que, sin limitarse únicamente a las características del objeto, toman en consideración aspectos y elementos conectados con él: la madera y su color, su consistencia, los engranajes del interior, cada uno de los cuales puede convertirse en una meditación aparte, ampliando en la práctica el campo hasta el infinito. En resumen, el flujo de la atención no se limita al mero objeto, sino a todo aquello que, mediante asociaciones mentales, se relaciona con él. Para desarrollar esta capacidad se necesita práctica y constancia, con las cuales los resultados no tardarán en manifestarse.

Este libro no pretende ser un manual de meditación, por lo que las indicaciones que se proporcionan a continuación tienen por misión permitir al lector meditar sobre ciertos temas esenciales, con el propósito de afinar nuestra capacidad de intuición.

Sin embargo, ante todo es preciso invertir cierto tiempo entrenando la mente en la meditación, es decir, haciendo que pase de un estado de inmovilidad, la concentración, a un estado de movimiento dentro de unos límites concretos, el tema de la meditación.

Ejercicio de meditación sobre el sol

En una jornada serena y tranquila, nos sentaremos al aire libre o junto a una ventana, de modo que podamos ver la luz del sol; hay que tratar de concentrarse en el sol, en el calor que percibimos en la piel, en la luz que emana de él. Debemos permitir que la atención se separe del sol y examine todo aquello que se conecta con él: la sucesión del día y la noche, las actividades que caracterizan la parte diurna del día, la alternancia de las estaciones, las diversas manifestaciones de la naturaleza en relación con la luz solar, el hecho de que la luz del sol hace posible la vida sobre la tierra... Es preciso dejar que la mente viaje suavemente sobre los raíles de este recorrido, caracterizado por la presencia del sol; una vez concluido el ejercicio, comprobaremos que nos hemos alejado del tema inicial de la meditación; si, en cambio, se da el caso de que únicamente hemos analizado aspectos y objetos relacionados con el sol, la meditación habrá resultado un éxito.

Los primeros intentos son difíciles y, con frecuencia, aburridos; la mente propone al principio numerosos pensamientos que no tienen nada que ver con el tema de la meditación, o bien al cabo de unos minutos parece que, al haber agotado prácticamente todos los temas relacionados con el objeto en cuestión, la meditación ya ha concluido. Como ocurre con los demás ejercicios descritos en este libro, el secreto del éxito es la constancia, la capacidad de no desanimarse y realizar con precisión al menos un ejercicio al día.

Podría ocurrir que la mente se ofusque y pierda la dirección del movimiento; para muchos, este fenómeno posee una naturaleza mística, lo que los orientales llaman *Dhyana*, si bien a menudo no es más que una postrera tentativa de la mente de distraerse del objeto elegido para la meditación.

Ejercicio de meditación sobre la luna

En una noche con el cielo claro, nos sentaremos en casa o al aire libre, de manera que podamos ver con claridad la luna; es preciso concentrarse en ella y luego, lentamente, dejar que la mente tome en consideración todo aquello que sabemos sobre la luna: su movimiento rotatorio en torno a la tierra y, con ella, alrededor del sol, su luz reflejada procedente del sol, la influencia que ejerce sobre las mareas, sobre el crecimiento de las plantas y sobre muchos otros fenómenos de la naturaleza...

Ejercicio de meditación sobre una rosa

Pasamos entonces a meditar sobre un objeto concreto, aunque revestido de una cantidad suficiente de significados simbólicos, como la rosa.

Con los ojos cerrados, trataremos de ver una rosa y examinar con cuidado su forma, color, las partes que la componen. Hay que intentar percibir su perfume e imaginar su tacto.

Cuando estemos lo bastante concentrados en la flor en sí misma, dejaremos que la mente se desprenda de la imagen de la rosa y tome en consideración todo aquello que sepamos sobre ella: sus diversas cualidades, diferentes en forma, color y tamaño, o el hecho de que las rosas se utilicen para obtener preparados cosméticos. Pasamos entonces a reflexionar sobre el hecho de que, en numerosas tradiciones religiosas, la rosa representa un símbolo de ardor o de pureza.

La meditación sobre los cuatro elementos

Cuando hayamos alcanzado cierta experiencia y práctica en estas simples meditaciones preliminares, y seamos capaces de meditar sin que la mente se aparte del tema inicial durante un mínimo de diez o quince minutos, entonces podremos pasar a los siguientes ejercicios.

Los temas sobre los que se debe meditar para afinar la capacidad de intuición son cuatro: aire, agua, tierra y fuego. Estos elementos constituyen cuatro arquetipos profundos de la psique humana, por lo que se pueden utilizar para estimular las facultades latentes de la mente. Para los filósofos de la antigüedad, las propias capacidades de la mente se representaban simbólicamente mediante estos cuatro elementos: el aire como la capacidad de comunicar, el fuego como la creatividad, el agua como la adaptabilidad y la tierra por la concreción. Por otro lado, se corresponden simbólicamente con los cuatro palos de los naipes y los arcanos menores del tarot, que en consecuencia se pueden utilizar para comprobar el desarrollo de las capacidades intuitivas.

Tarot	Naipes	Elementos
bastos	tréboles	fuego
copas	corazones	agua
espadas	picas	aire
oros	rombos	tierra

Elementos	Colores	Plantas	Paisajes	Animales
tierra	amarillo	trigo	montañas, colinas	elefantes, osos, toros
aire	azul	menta	cielo	pájaros
agua	plata	plantas acuáticas	mar, lago, río	peces
fuego	rojo	cardo, hibisco	volcanes	carnero, halcón, león

Para meditar de manera eficaz sobre cada uno de estos elementos, debemos ocuparnos en conocer cosas, seres y conceptos en armonía con cada uno de ellos, de manera que proporcionemos a la mente una especie de pista para seguir en el curso de la meditación. En la tabla superior, hemos resumido algunos principios meditativos relacionados con los cuatro elementos; un buen libro sobre simbología esotérica puede proporcionarnos una serie prácticamente infinita de indicaciones complementarias. No es preciso que todos los elementos mencionados formen parte de la meditación, sino que se trata únicamente de apuntes que enriqueceremos con nuestra propia experiencia.

Teniendo en cuenta estas nociones, podemos examinar los ejercicios de meditación relativos a cada uno de estos elementos; las meditaciones deberían realizarse en el orden en que se exponen, alcanzando de este modo cierta práctica en la meditación sobre la tierra antes de pasar a la del aire y los demás elementos.

Meditación sobre la tierra

Concluida la primera parte del procedimiento (véase pág. 39), fijaremos la atención en la esfera de luz amarilla que envuelve y sostiene los pies. Imaginaremos que estamos rodeados por esta esfera y que somos transportados a un paisaje campestre, en plena primavera. Nos detendremos en cada detalle de este paisaje, las plantas, los animales, las piedras y las montañas. Tratar de reflexionar sobre lo que representa la tierra, de penetrar en el sentido de solidez y abundancia que es parte fundamental de sus energías; debemos experimentar una sensación de fresco seco.

PIEDRAS	FORMAS	SENSACIONES	SÍMBOLOS
cristal de roca	cuadrado	frío seco	cuadrado amarillo
topacio	círculo	calor húmedo	círculo azul
berilio, aguamarina	media luna	frío húmedo	media luna plateada
ópalo de fuego	triángulo	calor seco	triángulo rojo

Cómo desarrollar los ejercicios de meditación

Los ejercicios de meditación sobre la tierra, el aire, el fuego y el agua, prevén todos una primera parte común, que debe repetirse del mismo modo, según los puntos que vamos a presentar a continuación.

1. Nos sentaremos cómodamente en la postura que solemos adoptar en los otros ejercicios.
2. Después de relajarnos respiraremos profundamente.
3. Cuando estemos relajados, nos concentramos en un punto situado justo encima de la cabeza; imaginar que, en este punto, una esfera blanca emana una luz resplandeciente y una tibieza agradable; respirar profundamente, imaginando que con cada ciclo de respiración la esfera de luz blanca se vuelve más luminosa y cálida.
4. Cuando la esfera se haya afianzado en la mente, imaginar que de ella desciende un rayo de luz que atraviesa la cabeza, hasta llegar a la garganta; en este punto, la luz se detiene y forma una esfera de color azul, de la cual emana también una luz brillante y una agradable tibieza; se trata de la esfera del aire.
5. Cuando tengamos bien clara la imagen de esta esfera en la mente, imaginaremos que de ella desciende un rayo de luz que atraviesa nuestro pecho y llega hasta la zona del corazón y el plexo solar; en este punto, la luz forma una tercera esfera, esta vez de color rojo: la del fuego.
6. Imaginaremos que la luz sigue bajando y alcanza la zona del bajo vientre, donde forma una esfera de color plateado: la esfera del agua.
7. Por último, imaginaremos que la luz alcanza los pies, debajo de los cuales forma una última esfera de color amarillo: la de la tierra.

Llegados a este punto, los ejercicios se diferencian en función del elemento y, cuando seamos capaces de meditar sobre el primer elemento durante un mínimo de veinte minutos y percibir de forma clara e inconfundible la sensación prevista por el ejercicio, se puede pasar a la meditación sobre el siguiente elemento.

> **Una advertencia**
>
> Al principio, es bastante difícil mantener la imagen del paisaje en cuestión sin que la mente se distraiga, si bien también en este caso se trata de una cuestión de práctica. Si con la concentración, uno se acostumbra a detener el vagabundeo de la mente, fijándola en un objeto o en un concepto, con la meditación por el contrario debemos dejar que la mente se mueva dentro de límites muy concretos, constituidos por el objeto de la propia meditación. Muy pronto, la mente abandona sus intentos de vagabundear de una idea a otra, y se mantiene en la senda en la que se ha introducido.

Meditación sobre el aire

Concluido el procedimiento preparatorio, fijar la atención en la esfera de luz azul, que se encuentra a la altura de la garganta; concentrarse en ella durante un instante, e imaginar que se expanda hasta envolver el cuerpo y lo transporta a un paisaje de alta montaña, en el cual el color dominante es el azul del cielo. Detenerse en los detalles de este paisaje: las nubes en el cielo, los pájaros que vuelan mientras oímos su aleteo, y el olfato percibe un perfume de menta. Sentir la brisa, que suavemente nos infunde una sensación de tibieza húmeda. Reflexionar sobre la forma en que los seres humanos se comunican entre sí.

Cuando seamos capaces de percibir de forma clara e inconfundible la sensación de tibieza húmeda, se puede pasar a la meditación sobre el agua.

Meditación sobre el agua

Terminada la primera parte del proceso, fijar la atención en la esfera de luz plateada que se encuentra a la altura del bajo vientre, e imaginar que envuelve todo nuestro cuerpo, transportándonos a un paisaje en el que el agua es un elemento dominante.

Podemos imaginar que estamos en la orilla del mar, un río o un torrente, que admiramos una cascada tumultuosa o, incluso, que caminamos por el fondo del mar. Debemos tratar de escuchar bien el ruido del agua, de percibir el olor salobre del mar, de ver a los peces chapoteando sobre la superficie. Sobre todo, hay que intentar percibir con claridad la sensación fresca y húmeda de las salpicaduras de agua sobre nuestra piel; debemos dejar que esta sensación nos invada por completo.

Cuando seamos capaces de sentir de manera clara e inconfundible esta sensación de frescura húmeda, pasaremos a la meditación sobre el fuego.

Meditación sobre el fuego

Al terminar la primera parte del ejercicio, fijaremos la atención en la esfera de luz roja colocada a la altura del plexo solar e imaginaremos que, expandiéndose, envuelve todo nuestro cuerpo y la conduce a un paisaje en el que el fuego es el elemento dominante. Podemos imaginar, por ejemplo, que nos hallamos en el borde del cráter de un volcán que está a punto de entrar en erupción: nos rodean las llamas y el magma avanza lentamente, dejando detrás de sí una estela de calor prácticamente insoportable; en la cima de las montañas que nos rodean, los carneros y leones corren despavoridos por el fuego y el calor excesivo. Debemos contemplar el lugar en que nos encontramos; la sensación de calor árido es inaguantable; hay que sentirlo y dejar que nos invada.

Llegados a este punto, y una vez hayamos concluido el ejercicio sobre el fuego, estaremos en disposición de percibir de forma clara e inconfundible la sensación de calor seco, y habremos afinado las características de los cuatro elementos (tierra, aire, agua y fuego). Ahora, no queda más que adiestrar nuestra intuición.

Ejercicio para el desarrollo de la intuición

Es preciso procurarse, antes de empezar, una baraja nueva de naipes o de cartas del tarot, eliminando aquellas que reciben el nombre de «arcanos mayores» y utilizando únicamente las de bastos, copas, espadas y oros.

Al esquema de las correspondencias descrito anteriormente entre los elementos y los palos de las cartas, se añaden ahora las sensaciones que caracterizan a estos elementos:

TAROT	CARTAS	ELEMENTOS	SENSACIONES
bastos	tréboles	fuego	calor y sequedad
copas	corazones	agua	frío y humedad
espadas	picas	aire	calor y humedad
oros	rombos	tierra	frío y sequedad

Esto significa que, por ejemplo, una carta de bastos debe transmitir una sensación de calor seco y tórrido, mientras una de bastos comunica una sensación de frío seco.

1. Para el ejercicio, sentados en una habitación en penumbra frente a una mesa en la que se colocan las cartas utilizadas para el experimento, se procede de acuerdo con el método que describimos al tratar los ejercicios de meditación sobre los elementos (véase pág. 39).

2. Concluido el procedimiento preliminar, debemos fijar la atención en la esfera de luz blanca que tenemos encima de la cabeza; en ella se hallará

concentrado todo nuestro potencial psíquico. Imaginaremos que se expande y que su luz se propaga por todo nuestro cuerpo, infundiéndonos calor, bienestar y mayor relajación.

3. Coger las cartas y barajarlas; extraer una al azar y sin mirarla; ponerla sobre la mesa, boca abajo, y poner sobre ella la mano izquierda —la derecha en caso de ser zurdos— y tratar de intuir de qué palo se trata; para ello, cabe concentrarse en las sensaciones que envía la mano y tratar de reconocer a cuál de las sensaciones experimentadas durante las meditaciones sobre los elementos se asemeja más. Al final, comprobaremos si hemos acertado. Pronto nos cercioraremos de que, en la mayoría de los casos, la primera impresión que recibimos de la carta, en un momento en que la mente consciente carece de tiempo material para intervenir, es correcta.

4. Devolver la carta a la baraja, barajar de nuevo los naipes y continuar de la misma manera.

Debemos proseguir con este ejercicio hasta que alcancemos como mínimo quince éxitos de cada cuarenta intentos. En este momento, puede considerarse que la intuición está lo bastante adiestrada y podemos dedicarnos a la adivinación, utilizando las cartas adjuntas a este libro, para obtener los números que jugaremos a la primitiva. Por otro lado, comprobaremos que nuestra capacidad de recordar e interpretar los sueños se ha visto notablemente incrementada.

Cómo utilizar las cartas adjuntas

Con este libro se adjunta una baraja de 49 cartas, que reproducen los números de la primitiva, es decir, del uno al cuarenta y nueve.

Cuando hayamos desarrollado una capacidad intuitiva suficiente, estas cartas pueden ayudarnos a adivinar los números de la suerte en el juego de la primitiva y la bonoloto.

1. Sentados cómodamente, en una habitación tranquila y en penumbra, delante de una mesa con las cartas al alcance de la mano, debemos repetir el procedimiento preliminar ya descrito (véase pág. 39).

2. Concluido este proceso, fijar la atención en la esfera de luz blanca que se halla justo encima de la cabeza y que aloja nuestro potencial psíquico. Debemos imaginar que se expande y propaga su luz por todo nuestro cuerpo, con lo que se activarán las facultades de la intuición.

3. Tomar las cartas numeradas del uno al cuarenta y nueve; concentrarse en una pregunta, como «¿cuál será la primera extracción del bombo en el sorteo del día...?»; barajar las cartas, cortar el mazo tres veces con la mano izquierda y extraer una: el número que aparezca en la carta será aquel al que deberemos jugar.

4. Repetir el punto anterior para la segunda, tercera, cuarta, quinta y sexta extracción.

5. Dejar de nuevo las cartas y dar las gracias al universo por el mensaje de esperanza y buena suerte que nos ha enviado.

GUÍA PARA INTERPRETAR LOS SUEÑOS

Este diccionario debe utilizarse como alternativa a las cartas adjuntas con los números del uno al cuarenta y nueve. Está dirigido a quien desee obtener, directamente de sus propios sueños, los números ganadores para jugar a la primitiva y a la bonoloto. El método utilizado es el siguiente: los números provienen de los estudios numerológicos, basados en la ciencia de la Cábala; las interpretaciones, por su parte, se inspiran en las que formuló Artemidoro, autor griego del siglo II d. de C., quien abordó el significado de los sueños premonitorios que se habían revelado acertados.

Abad
bendiciendo: 47
un amigo le ayudará, tiene el futuro asegurado

en el púlpito: 45
alguien se interpone en su camino por una cuestión de herencia

verlo borracho: 32
debe realizar algunos sacrificios cuyos resultados se revelarán en un futuro próximo

verlo cerca de una monja: 32
tendrá mucha suerte en todos los campos

verlo con una sotana clara mientras manipula filtros y probetas: 41
su salud no está muy boyante, debe desintoxicarse

verlo rezar en una iglesia semivacía: 19
tendrá noticias de un pariente lejano que había olvidado y al que no ve desde hace mucho tiempo

Abadesa
verla: 23
se casará pronto

Abadía
junto a un bosque: 9
sus contratiempos hallarán solución

Abandonar	*abandonar un perro, un gato, un pajarito:* 24 discutirá y se peleará con la persona amada
	ser abandonado en una carretera (o en una iglesia): 27 por los parientes, obtendrá rendimientos elevados; por amigos queridos, se desanimará y perderá dinero
	ser abandonado por la familia: 36 ganará mucho dinero
Abanico	*verlo:* 37 ama con pasión, pero no es correspondido; tristeza
Abedules	*verlos:* 2 será castigado por algo cometido tiempo atrás
Abejas	*capturarlas:* 44 tendrá problemas y preocupaciones
	matarlas: 47 indica suerte a todo el mundo, excepto a los campesinos
	ser picado por ellas: 41 será traicionado por algún amigo
	verlas volar: 5 para un campesino o alguien que las posee, este sueño predice ganancias y éxito en los negocios; para otras personas, presagia problemas y enfermedades
Abeto	*abonado:* 25 tendrá un golpe de suerte inesperado
	cargado de nieve: 40 disfruta de un matrimonio feliz y tranquilidad económica
	verlo: 17 tiene suerte y éxito en los negocios

Abismo	*caer por él: 40* se encuentra en peligro, puede sufrir un accidente grave o engaño
Abogado	*hablar con uno: 28* deberá afrontar notables preocupaciones financieras *serlo: 4* provocará un perjuicio a alguien
Abono	*comerlo: 20* recibirá grandes honores y riquezas *verlo o esparcirlo: 49* cerrará un buen negocio; es un sueño propicio
Abrazar	*a un amigo (en el caso de una mujer): 9* traicionará a su marido *a una mujer (en el caso de un hombre): 44* tendrá un hijo *animales: 17* es un ingenuo; tenga cuidado, porque le van a engañar
Abrevadero	*verlo: 8* se le prometen riqueza y abundancia
Abrevar	*un animal: 41* deberá superar un obstáculo
Abrigo	*exagerado: 11* se encuentra triste y nostálgico

perderlo: 7
tendrá preocupaciones

ponérselo: 32
padecerá una enfermedad leve

quitárselo: 2
sabe mantener ocultos sus defectos

roto o despellejado: 33
le compadecen

ver a alguien que se lo quita: 31
alguien le mortificará

verlo: 31
debe precaverse ante un posible peligro, guarézcase

Abrigo de piel

llevarlo: 15
vivirá un periodo denso en actividades; no descuide tareas menos agradables, porque podrían echar a perder la situación

Abroncar

a alguien: 24
pierde inútilmente un tiempo precioso

ser abroncado: 35
siente remordimiento por una acción desleal que cometió

Abuelos

hablar con ellos: 41
recibirá una herencia

si están vivos: 30
vivirán muchos más años

Aburrirse 11

Aceite	deberá afrontar una discusión molesta *beberlo:* 15 puede sufrir alguna enfermedad *derramarlo por el suelo:* 15 tendrá una desgracia *óleos sagrados:* 39 vivirá muchos años *recoger aceite desparramado:* 41 tendrá suerte y felicidad *verlo desparramado:* 6 tendrá una gran pérdida monetaria
Aconsejar	*a alguien:* 49 es una persona irascible y autoritaria *ser aconsejado:* 10 recibirá lo que merece
Actores	*verlos:* 1 hará grandes gastos, cuidado con los falsos amigos
Actuar	*verse actuar:* 36 tendrá un futuro próspero
Acuario	*verlo:* 45 está amargado y triste
Acusar	*a alguien:* 11 es muy rígido en sus juicios *ser acusado por alguien:* 27 recibirá malas noticias

Adelgazar   *29*
peligro de enfermedad, se expone a sufrir agotamiento

ver adelgazar a alguien: 1
se enriquecerá a costa de terceras personas

Adivinanza   *plantearla: 46*
alberga dudas sobre una cuestión importante

recibir respuesta: 40
recibirá una aclaración sobre un tema crucial

Admirar   *algo o a alguien: 37*
vive en un ambiente vacío e insensato

Adolescente   *besarlo y abrazarlo: 30*
envejecerá conservando el entusiasmo y la frescura juvenil

vestido de blanco, verlo: 20
tendrá suerte en el ámbito laboral

volver a la adolescencia: 11
tendrá éxito en el campo afectivo

Adormecerse   *45*
se aproxima a un estado de agotamiento, necesita un periodo de reposo

Adquirir   *objetos nuevos: 41*
es un buen presagio, tendrá buena suerte

objetos ya poseídos: 39
sufrirá fuertes pérdidas

Adular
a alguien: 12
tendrá suerte y cosechará riquezas con ayuda de medios «poco ortodoxos» y humillándose

serlo por un amigo: 15
traicionará su confianza

Adulterio
cometerlo: 34
tendrá contratiempos molestos; un conocido sufrirá un accidente

Aeroplano
soñar que se vuela: 31
es ambicioso y tendrá poder

tripularlo y sentir miedo: 16
no inspira confianza, es inconstante

ver muchos en el cielo: 21
tiene tendencias autoritarias

verlo en el suelo: 22
esté prevenido, puede sufrir una desgracia

Afeitado
serlo: 24
si no corresponde a la realidad, se crea problemas inútiles y es poco sincero

Afeitar
hacerse afeitar: 27
vivirá una pérdida dolorosa

a alguien: 31
no es leal, engañará a un allegado

Ágata
llevarla: 15
se verá favorecido en los negocios

poseerla: 14
tiene asuntos pendientes

Agente de policía   *verlo de servicio:* 2
si juega tendrá suerte; premio en la primitiva

Agua   *bañarse en agua transparente:* 26
tiene sentimientos puros y tranquilidad espiritual

beber agua caliente: 30
si está sano, enfermará; si está enfermo, empeorará

beber agua salada: 36
derramará lágrimas por un contratiempo amoroso

beber agua fría: 21
disfruta de salud; si está enfermo, mejorará rápidamente

caminar sobre ella: 19
logrará superar un obstáculo

hirviendo: 37
tendrá mucha suerte en el juego

hundirse en ella: 48
será humillado por una persona prepotente

pútrida y estancada: 41
se peleará y será engañado

Agua bendita   3
disfruta de salud; si está enfermo, mejoría rápida

Águila   *doméstica:* 1
buen presagio, tendrá suerte

que amenaza con atacarnos: 33
un hombre poderoso nos amenaza

quieta sobre la cabeza: 26
es un presagio funesto; muerte

ser transportado por ella: 41
se encuentra ante un peligro muy grave

ver muchas en el cielo: 39
su patrimonio aumentará inesperadamente

ver una muerta: 7
si está en una posición subordinada, tendrá suerte; en caso contrario, presagia peligro grave, obstáculos y trabas en general

verla: 46
padece una enfermedad que superará con rapidez y sin problemas

verla volar: 17
un proyecto que persigue desde hace tiempo se realizará; ¡no descuide por ello las pequeñas cosas más urgentes!

Agujas	*puntiagudas: 40* será perjudicado y molestado
Agujero	*caer en él: 44* caerá en una trampa; malas compañías frecuentes *verlo en la ropa: 16* sufrirá pérdidas financieras
Ahogar	*lentamente: 9* problemas con la justicia, perderá el empleo *ver a un amigo o una persona querida que se hunde: 34* deberá ayudar a alguien económicamente *ver cómo nos hundimos: 39* tenga cuidado, peligro de muerte
Ahogarse	*sentir ahogo: 20* se siente agobiado por las deudas *verse uno mismo: 27* sufre trastornos en los bronquios o los pulmones (véase *Pulmón*)

Ahorcar

en general: 10
este sueño indica un gran cambio de vida

ver ahorcados: 23
alguien de su entorno tiene una necesidad urgente de dinero

verse uno mismo ahorcado: 33
tendrá una sorpresa agradable; le tributarán honores

Ajedrez

jugar: 35
es hábil y astuto; logrará realizar sus proyectos

ver a alguien jugando: 10
no tiene motivo para temer a un adversario peligroso

Ajo

comerlo: 3
se peleará con conocidos

recolectarlo o comprarlo: 9
discutirá con parientes por cuestiones de herencia

Alabanza

formularla: 40
es una persona leal, lo que le permitirá llevar una vida serena

oírla: 25
alguien habla mal de usted

Alambrada

verlo frente a uno: 42
deberá afrontar obstáculos y oposiciones antes de alcanzar la meta

Alas

mecánicas: 42
sufrirá una larga enfermedad

poseerlas y volar: 27
los asuntos le marchan viento en popa

Alba	*contemplarla:* 32 tiene suerte, tendrá un porvenir próspero y se casará
Albaricoques	*comerlos:* 11 disfruta de salud y placer momentáneo, pero sufrirá un contratiempo amoroso en un futuro próximo
Alcaparras	*comerlas:* 41 recibirá una mala noticia
Alcohol	*beberlo:* 37 cuidado, le rodean personas desleales
Aldea	*verla:* 24 señal de mal augurio *verla en llamas:* 39 todo va bien, aumentarán sus bienes *vivir en ella:* 23 llevará una vida sencilla, sin obstáculos ni preocupaciones
Alegría	*estar alegre:* 49 tendrá que llorar debido a contratiempos inminentes *ver a gente alegre:* 23 se casará en breve
Alfiler	*clavárselo:* 15 recibirá un encargo muy lucrativo *ver cómo nos lo clavan:* 24 alguien herirá su amor propio

Alfombra

confeccionarla: 19
le espera un periodo de agradables diversiones

poseerla: 33
gozará de una situación afortunada

Algodón

verlo: 22
tendrá problemas en los negocios; está en una época de esterilidad; no logra vivir el lado bueno de la vida y llevar una existencia agradable

Alianza

llevarla: 15
su matrimonio será feliz

perderla: 41
reñirá y se separará, pero sólo por poco tiempo

recibirla: 21
alguien le ama intensamente y quiere casarse con usted

verla: 15
su amor le es fiel

Almenas

3
si son regulares, tiene gusto artístico; si son irregulares y asimétricas, llegarán disputas y decepciones

Almendras

comerlas: 14
su amor es sincero y se casará

ver un almendro florido: 9
se realizará alguno de sus deseos

Almirante

hablar con él: 26
tendrá una sorpresa agradable en la familia
verlo: 27
hay alguien que quiere engañarle

Almorzar   *en compañía: 33*
su estado de ánimo es alegre, todo va bien desde la amistad hasta los asuntos económicos

en el campo: 33
se encontrará en el centro de una disputa

en la ciudad: 33
revelará algo que guardaba en secreto

organizar un almuerzo: 25
alguien le alaba y adula, guárdese de personas desleales

solo: 14
deberá esforzarse mucho tiempo para formar la familia con la que sueña

Alondra   *capturarla: 17*
un vínculo afectivo muy sólido está a punto de romperse

comérsela: 41
será causa de su propia desgracia

que canta: 1
le llegarán buenas noticias y tendrá suerte en el amor

Alquilar   *una casa: 27*
será traicionado por un amigo querido

Altar   *adornarlo con flores: 41*
si está soltero, se casará; si está casado, asistirá a una boda

ver a gente arrodillada: 40
deberá prestar su ayuda a alguien que la necesita

verlo: 7
pronto hallará el camino a seguir; se casará

Altura

ascender: 5
se peleará con alguien

Alubias

blancas: 2
dedicará mucho esfuerzo, pero obtendrá pocos resultados

comerlas: 49
deberá superar momentos difíciles; disputa

pintas: 40
se mostrará valeroso; recolectarlas, superará momentos difíciles; cocinarlas, se halla en aprietos económicos

verlas crecer: 36
se materializará una esperanza

Alud

ser arrastrado por uno: 17
siente pasiones morbosas que le perjudicarán, a usted y a su familia

verlo: 15
cuidado, un grave peligro que le amenaza

Ama de llaves

verla, ser atendido por ella: 33
con su instrucción y educación, saldrá airoso de una empresa difícil

Amamantar

13
es un sueño propicio; predice matrimonio al soltero, hijos a quien carece de ellos y riqueza a quien trabaja

si se tiene cierta edad: 41
cosechará riquezas quien carezca de bienes y sufrirá pérdidas monetarias quien viva en la opulencia

succionar la leche de la propia madre: 13
si está embarazada, dará a luz una niña

Amante

si está casado/a y sueña con tener relaciones con él/ella: 38
está insatisfecho/a y se muestra hostil con su familia

si no está casado/a y sueña con tener relaciones con él/ella: 13
su vida afectiva mejorará

Amargura

comer o beber una sustancia amarga: 16
gozará de buena salud

Amatista

verla: 2
alguien ejercerá violencia sobre usted; sufrirá malos tratos

Ambulancia

verla: 26
perderá a una persona querida

Amenazar

a alguien: 24
no sea injusto con quien no lo merece

Amigos

a los que ofende: 42
puede sufrir alguna enfermedad

hacer uno nuevo: 29
tendrá suerte; periodo de felicidad

que le ofenden: 36
recibirá buenas noticias

reírse con los amigos: 29
tendrá una disputa

ver a amigos ya muertos: 47
recibirá una noticia inesperada

ver a uno perdido en el olvido: 5
tendrá dificultades financieras

Amor

hacerlo con el cónyuge: 20
un asunto que desea concluir desde hace tiempo llegará a buen puerto

hacerlo con un desconocido/a: 2
buena suerte; puede vivir una aventura

hacerlo con una mujer/hombre casada/o: 12
tendrá problemas

hacerlo con una prostituta: 35
felicidad de breve duración

ser rechazado: 23
los negocios no se desarrollarán como esperaba

Amputación

de la cabeza: 13
para las personas de posición humilde, buena suerte y progreso; para quienes poseen dinero y poder, pérdidas y graves contratiempos

de un pie: 15
debe esperar antes de poder resolver una cuestión económica

de una mano o un brazo: 34
se comportará de forma sensata en una situación delicada

de una parte del cuerpo: 25
se librará de amigos desleales

Ancla

lanzarla: 19

materializará un proyecto
verla: 9
no hará un viaje previsto

Ánfora

rota: 4
cuidado, le acecha un peligro

verla: 43
tiene un rival sentimental

Anguila

comérsela: 39
recibirá una buena noticia

hacer que resbale por nuestras manos: 20
perderá una oportunidad ventajosa

muerta: 41
se encuentra satisfecho y en completa plenitud espiritual y afectiva

pescarla: 1
disfruta de salud, pero pueden traicionarlo

Anillo

de marfil: 36
se curará rápidamente

de sello: 3
tiene un amigo leal

hallarlo: 19
se peleará con alguien

llevar uno muy raro o en forma de serpiente: 2
su vínculo sentimental es precario; traición

recibirlo: 19
recibirá una propuesta de matrimonio

romperlo: 27

Animal   se peleará con una persona y se separará de ella
amenazador: 21
un amigo le causará disgustos y trastornos

doméstico y que le pertenece: 20
recibirá una visita inesperada de parientes lejanos; comprará una casa

extraño y desconocido: 38
la suerte no le acompaña

feroz: 16
cuidado con los enemigos, tendrá dificultades en su profesión

tenerlo en casa, con sus cachorros: 36
se encuentra en peligro inminente

Antepasados   *verlos:* 27
crea en lo que le digan en sueños

Antigüedades   *hallarlas:* 10
hallará un tesoro o heredará una gran fortuna

Antorcha   *apagarla:* 41
morirá un allegado

iluminar con ella nuestro camino: 13
suerte, inicio de una relación amorosa duradera y feliz que hacía tiempo que anhelaba con intensidad

llevarla en la mano: 17
amará, volverá a ser amado

verla arder: 28
vivirá muchos años

verla de lejos: 27
la situación actual es desagradable, pero en un

futuro próximo se prevé cierta mejoría
verla en un cortejo: 45
le tributarán honores y reconocimiento

Anudar

un pañuelo: 17
recibirá una herencia esperada desde hace tiempo

una corbata: 21
ganará a la primitiva y se gastará el premio rápidamente

Anzuelo

verlo: 33
cuidado, porque le van a engañar

Apagar

el fuego: 41
tendrá una gran alegría; suerte

una luz, o una lámpara: 17
sufrirá una desilusión amorosa

Apio

comerlo: 29
mantenga bajo control su estado de salud; enfermedad leve

comprarlo: 18
inicio de un nuevo amor, siente una gran atracción física por una persona que hace poco que ha conocido

Aplaudir

aplaudir a alguien: 21
una persona le quiere conocer

ser aplaudido: 12
guárdese de los falsos amigos

Apoyarse

en alguien o en algo: 40
deberá pedir ayuda a alguien para conseguir lo que se propone

Aprieto

tener que afrontarlo: 14
logrará un pequeño ascenso laboral, ganancias modestas

Apuesta

ganarla: 14
conseguirá un premio inesperado, riqueza

hacerla: 1
no corra riesgos inútiles

perderla: 27
sufrirá una considerable pérdida de dinero

Arado

usarlo: 3
sus hijos volverán de un viaje; si está separado o divorciado, se volverá a unir con su antigua pareja

verlo: 46
las actividades laborales se verán ralentizadas; las bodas y nacimientos se verán favorecidos

Araña

matarla: 34
disfrutará de seguridad y notables ganancias

ver una enorme en casa: 5
pronto deberá afrontar un proceso, o estará en el centro de un litigio desagradable

verse cubierto de telarañas: 15
tendrá un golpe de suerte en el campo laboral, grandes ganancias

Árboles

con frutos: 41
está rodeado de amigos

floridos: 24
disfrutará de un periodo feliz y próspero

que nacen del cuerpo: 33
enfermedad grave y pérdida del órgano del que nacen; muerte

secos, quemados o partidos por un rayo: 33
caerá enfermo, sucesos tristes

sentarse en la copa: 4
alcanzará una posición de prestigio

sentarse en su base: 21
le llegará una buena noticia

talados: 32
la suerte le abandona

trepar por uno: 42
ahora tiene suerte, aprovéchela

Arcilla

amasarla y modelarla: 31
es pródigo y tiene tendencias artísticas

Arco iris

con la curva hacia la derecha (respecto al sol): 16
será muy afortunado

con la curva hacia la izquierda: 17
deberá afrontar problemas

verlo: 7
deberá afrontar cambios

Ardilla

capturarla: 41
correrá un grave peligro

ser mordido por una: 35
disgustos familiares

verla: 34
sentirá una alegría inesperada

Ardor	*soñar que somos ardientes en el amor:* 31 sus relaciones sentimentales se están enfriando
Arena	*caminar con dificultad:* 28 vivirá un momento de gloria efímera *esparcirla:* 33 su situación está en vías de cambio, de usted depende el curso que tomará su vida futura *hundirse en ella:* 17 tenga cuidado con un peligro inminente *verla:* 4 recibirá una visita inesperada y agradable
Armario	*comprarlo:* 47 los asuntos económicos son favorables *para ropa y lencería:* 23 tiene éxito y suerte en el amor *vacío:* 47 se siente atraído por una pasión incontenible *verlo:* 35 descubrirá intrigas
Armas	*romperlas:* 17 se verá impotente frente a sus enemigos *usar un arma blanca:* 2 se verá asaltado por las dudas *usar un arma de fuego (y herirse):* 22 tendrá problemas familiares y deberá renunciar a algo de lo que tiene *verlas, poseerlas o usarlas:* 14 tendrá problemas y descubrirá deslealtades por parte de familiares o amigos queridos

Aromas	*percibirlos y usarlos:* 16 obtendrá posiciones relevantes
Arpa	*tocarla:* 15 tendrá suerte y alegría, y podrá cerrar heridas morales del pasado
Arquitecto	*verlo:* 28 resolverá una situación desagradable y peligrosa
Arrodillarse	*hacerlo:* 41 en la vida se deja dominar, la primera que se aprovecha de ello es su esposa
Arroyo	*bañarse en él:* 21 su salud pronto mejorará *vadearlo:* 2 alcanzará su meta
Arroz	*cocerlo:* 40 se repondrá de una larga enfermedad *comerlo:* 20 su situación económica mejorará notablemente; está expuesto a indigestiones, modérese en la comida *comprarlo:* 18 recibirá ganancias inesperadas
Asado	*comerlo:* 29 sea prudente y alcanzará una situación de bienestar

Ascensor	*usarlo:* 39 se siente débil y agotado, debe descansar
Asesinar	*a un malhechor:* 9 sus principios morales son demasiado rígidos *a una persona:* 2 siempre quiere tener razón *a una persona importante:* 24 mal presagio; se encuentra en peligro
Asir	*algo:* 39 es ambicioso, ganancias
Astrólogo	*ir a visitarlo:* 46 se cumplirá lo que le diga en sueños *ser astrólogo:* 33 cosechará experiencias y riquezas
Atar	*algo:* 21 tendrá problemas judiciales *hacerse atar o ser atado:* 14 concertará una cita con la persona amada; aventura
Ataúd	*estar tumbado en su interior:* 19 tendrá un cambio de actividad muy afortunado *poner dentro un cadáver:* 33 vivirá una experiencia triste, un conocido morirá *verlo:* 11 esperanza, recibirá una herencia *verlo cerrado:* 47 tendrá una vida longeva

Atentado *asistir a uno: 11*
un acontecimiento grave cambiará por completo su existencia

Atlas *hojearlo: 1*
hará un viaje inesperado

Atleta *verlo: 41*
sus esfuerzos se verán premiados, tendrá éxito

Aullar *oír a perros o lobos: 17*
peligro inminente; catástrofe natural

Autógrafo *leerlo: 15*
es perseverante, puede conseguir grandes logros

Autoridad *ver a una persona con autoridad: 21*
una persona inteligente y poderosa le ayudará en una situación delicada

Aventura 6
está en peligro, tenga cuidado

Avergonzarse *de algo: 12*
tiene suerte en el trabajo, aunque siente remordimientos por una acción desleal cometida anteriormente

Avispas *ser picado: 28*
tiene enemigos malvados y temibles; disgustos y contratiempos

verlas: 14
recibirá una mala noticia

Ayuda

ofrecerla: 19
alguien próximo se aprovecha exageradamente de la situación

pedirla: 9
tendrá suerte y hará el bien a alguien

Ayunar

13
carece de medios y es infeliz

Azafrán

comerlo: 20
llevará luto por un familiar

verlo: 46
es vanidoso y jactancioso

Azúcar

comerlo: 20
disfruta con los placeres; alegría

recibirlo de regalo: 40
alguien le ama en secreto

verlo en terrones o en tazas: 25
alguien quiere engañarle; amigos desleales y aduladores

Azucenas

cogerlas: 20
vivirá un amor sensual

de colores: 1
intentarán engañarle, no se deje embaucar

verlas de color blanco: 35
su amor le es fiel

Azufre

verlo, olerlo: 17
eludirá un peligro de incendio

Babero	*llevarlo:* 32 tiene un proceso o causa judicial en curso
Bahía	*verla:* 17 muchos de sus deseos aún no han sido satisfechos
Bailar	*con un desconocido:* 22 muerte de un pariente *en casa, con amigos:* 13 alégrese y disfrute de su buena suerte *si lo sueña un enfermo:* 3 empeorará su enfermedad *si lo sueña un presidiario:* 4 en breve será liberado *ver bailar a allegados:* 11 es alegre y desea el bienestar de los demás *ver bailar a un matrimonio:* 11 grandes satisfacciones en el ámbito sentimental
Bajar	*de un automóvil:* 21 pronto alcanzará lo que se ha propuesto *de una montaña:* 12

	logrará superar los obstáculos
	del caballo: 40 su posición social sufrirá un cambio, pérdida de prestigio y autoridad
Bala	*de cañón:* 18 ha evitado un grave peligro
Balanza	*ser pesado:* 34 será juzgado por la opinión pública; sus méritos serán reconocidos; cosechará ganancias
Balbucear	*31* deberá resolver una situación tomando decisiones drásticas
Balcón	*estar en él:* 1 una empresa que deseaba llevar a cabo fracasará *verlo adornado con flores:* 11 recibirá honores efímeros
Baldaquino	*en la propia cama:* 6 tendrá la protección de personas con autoridad
Balsa	*aferrarse a ella o verla:* 37 logrará resolver una situación que parecía desesperada
Bálsamo	*si lo sueña un enfermo:* 32 se curará pronto *si lo sueña una persona sana:* 33 se realizará alguno de sus deseos
Banco	*depositar dinero:* 11

sufre precariedad laboral, no sabe qué estrategia seguir; es posible que sufra dolor de estómago

sacar dinero: 30
tendrá pérdidas financieras

Bandeja

usarla, verla: 33
recibirá un regalo

Bandera

llevarla: 18
es una persona respetada por todos

verla ondear: 20
sorteará un peligro, pero tenga cuidado

Bandido

ser asaltado por uno: 7
le acecha un peligro; tendrá mucho miedo

Banqueta

sentarse en una de madera: 6
sus ganancias serán modestas, pero para usted es mucho más importante la tranquilidad

sentarse en una piedra: 17
ganará mucho dinero; carece de serenidad, medite más

verla de lejos: 11
vivirá un episodio romántico

Banquete

participar en uno: 18
disputas familiares si se sueña en casa; en caso contrario, indica pérdidas económicas

Bañarse

al aire libre: 19
se casará pronto con una persona rica e influyente
con la ropa puesta: 26

recibirá una herencia

en agua caliente: 38
llevará una vida agitada

en agua corriente: 16
le ocurrirá algo desagradable

en agua fría: 10
padecerá un leve malestar

en agua transparente: 15
tiene muchos amigos y es leal

en agua turbia: 35
tiene muchas preocupaciones

en la bañera: 16
cuidado con la salud, podría enfermar

en un río: 19
tendrá fuerza y resistirá la adversidad

Bañera

10
controle su estado de salud, enfermedad leve

bañarse en una: 2
su futuro es alegre y tranquilo

Bañista

solitario: 39
está descontento e infeliz

ver uno de tierna edad: 11
tendrá un hijo

ver varios bañistas: 13
vivirá un periodo feliz y alegre

Barba

si cae o es afeitada o arrancada: 43
tendrá una desgracia; uno de sus familiares morirá

tenerla espesa: 9
recibirá reconocimientos y honores

tenerla rala: 43
está triste y sufre disgustos

vista por una mujer: 17
en su vida se producirá un cambio: si está casada, se separará; si es soltera, se casará; si aún no tiene hijos, alumbrará un varón

Barbero

hacerse afeitar: 23
será embaucado

verlo: 21
le amenazan desgracias y habladurías

Barca

ir en barca a motor: 12
cosechará riquezas y bienestar

soñar que se rema: 40

Barco

anclado en el puerto o en el mar: 45
no debe ceder, mantenga su criterio

ver cómo construyen uno: 47
está viviendo un romance pasajero

ver cómo se hunde: 11
recibirá una mala noticia

ver cómo se quema: 36
gran pérdida financiera

verlo en tierra firme: 10
dificultades, problemas económicos

viajar con mar en calma: 6
disfruta de buena suerte y alegría

viajar con mar tumultuoso: 11
los problemas le sumen en la tristeza

Barniz

verlo: 9
es superficial y con frecuencia no se percata de la auténtica naturaleza de las cosas

Barraca

verla: 42
tendrá disgustos

Barrer

la calle: 20
el camino hacia el éxito será lento y difícil, pero al final alcanzará la meta

la propia casa: 39
recibirá buenas noticias

Barro

caer en él: 5
cuidado, le amenazan peligros indefinidos

caminar por encima: 4
debe afrontar graves fastidios; ciertas habladurías le amargan la existencia

verlo: 45
está rodeado de gente envidiosa y chismosa

Batir

algo: 30
cálmese, vive demasiado ansioso y agitado

recibir una batidora de regalo: 28
tiene un amigo desleal

romper una batidora: 21
vivirá un amor desdichado

Baúl

perderlo o sufrir su sustracción: 6
la situación laboral no está bien definida

transportarlo: 14
algunas de sus esperanzas se han visto defraudadas

Bautizo	*ser bautizado:* 18 obtendrá un cambio provechoso en los negocios
Bayas	*buscarlas:* 28 deberá superar obstáculos *comérselas:* 19 padecerá una enfermedad leve o disputa familiar *hallarlas:* 23 ganará dinero sin gastos importantes de energía
Bayoneta	*verla, ser pinchado o herido:* 23 una persona desleal le quiere engañar
Beber	*aceite:* 15 puede sufrir alguna enfermedad *agua caliente:* 30 si está sano, enfermará; si está enfermo, empeorará *agua limpia y fresca:* 44 se siente saludable y vigoroso *en vaso de oro, de plata o de barro cocido:* 32 riqueza y bienestar económico alcanzados *en vaso de vidrio muy frágil:* 7 tendrá que superar notables dificultades *tener sed y no poder beber:* 1 sufrirá apuros económicos *vino:* 45 tendrá suerte, felicidad y éxito en el amor
Bebida	*amarga:* 46 sufrirá una enfermedad leve *dulce, beberla:* 18 es alegre y optimista

Becerro *de oro: 22*
obtendrá grandes riquezas; su excesiva tendencia hacia la avaricia no le permitirá gozar del bienestar que le rodea

flaco: 38
le afectarán la pobreza y las restricciones económicas

gordo: 2
le esperan años de abundancia

Bellota *comerla: 5*
no tiene dinero

verla: 2
siente un amor sincero

Bendecir *ser bendecido en una iglesia: 34*
será afortunado

ser bendecido por el Papa: 23
heredará pronto

ser bendecido por los padres: 29
sus asuntos irán bien, contará con el afecto familiar

Berrido *oírlo: 14*
será víctima de un malestar desagradable, pero de rápida curación

Besar *a un hombre: 42*
vivirá un amor ilícito

a un niño: 11
será afortunado y feliz

a una mujer: 6
deberá superar un peligro

a una persona de edad: 9
sufrirá una pérdida

a una persona muerta tiempo atrás: 22
tendrá buena suerte

la boca: 1
actuarán con usted de manera hipócrita y desleal

la cara: 8
disfrutará con el amor y la ternura; bodas próximas

la mano: 30
alguien traicionará su confianza

querer besar a una persona y ser rechazado: 13
se encuentra triste o melancólico

Biblia

leerla: 38
sufrirá disgustos familiares y problemas varios

Biblioteca

poseerla: 25
es perseverante y alcanzará sus metas

verla: 11
necesita el consejo de una persona competente

Bigotes

cortados o arrancados: 13
daño para el soñante y suerte para quien los corta o arranca

tenerlos largos y tupidos: 12
tendrá mucha suerte

Billar

jugar: 15
ganará un pequeño premio en el juego, aunque también sufrirá una pérdida mucho más importante en otro campo

Biombo *verlo:* 7
aunque estaba oculta, pronto sabrá la verdad

Bizcocho *comerlo:* 10
tendrá salud y grandes alegrías

Blasfemar 40
debe hablar menos

Blasón *verlo:* 18
recibirá honores y será bien considerado

Boca *cerrada y que no puede abrirse:* 8
está corriendo un peligro muy grave

que habla: 31
despilfarrará su patrimonio y riquezas; se deja dominar en exceso por sus instintos, contrólese

Bolos *jugar:* 43
da demasiada importancia a las apariencias, a las personas y a sí mismo

levantarlos: 24
quiere volver a intentar un asunto que salió mal

verlos caer: 42
es pesimista al valorar el futuro

Bolsa *hallar una con dinero:* 27
tendrá suerte en el juego

hallar una vacía: 14
el trabajo que hace es inútil y no le satisface

robar una con joyas: 28
será objeto de escándalo

Bolsillo

agujereado: 46
sufrirá leves pérdidas

verlo: 9
quiere guardar celosamente un secreto

Bomba

verla: 48
para un militar, buena suerte, ascenso de grado

verla estallar: 18
se verá alejado de las personas y cosas que ama

Bomba de agua

antiincendio: 28
dejará pasar una buena oportunidad

ser rociado: 4
vivirá una sorpresa agradable

usarla: 47
un amigo se está aprovechando de usted; está llevando a cabo un trabajo pesado y fastidioso

Bombilla

encenderla: 44
si la luz es brillante, se enriquecerá; si la luz languidece, perderá dinero

llevarla: 46
el camino que ha tomado es el correcto

Boñiga

comerla: 41
golpe de suerte en los negocios; es ambicioso y conquistará grandes riquezas

de animal, verla: 22
si en la realidad no trabaja con estiércol o abono, este sueño indica peligro, enfermedad

humana, ser ensuciado: 16
ofensa por parte de quien nos ensucia; litigio familiar

que ensucia la cabeza de una persona: 1
esa persona morirá

Boquerones *pescarlos:* 41
recibirá una sorpresa agradable

pescarlos y devolverlos al agua: 14
cosechará riqueza, aunque irá unida a disputas familiares

ponerlos en salazón: 21
morirá rico y reputado

Boquilla *de un instrumento musical:* 11
vivirá un amor sensual

Bordar *algo:* 11
se complace con asuntos pequeños y fútiles; en el trabajo debe ser más serio y leal

ponerse ropa bordada: 40
suerte conquistada de diversas maneras; es demasiado ambicioso

Borracho *ver a alguien:* 14
está insatisfecho con su condición actual, pero pronto experimentará una mejoría

verse uno mismo: 38
enfermedades mentales, desventura y obstáculos

Bosque

encontrar seres extraños o animales: 41
está esforzándose en vano

pasear por uno fresco y lleno de plantas: 8
tendrá suerte en los negocios y recibirá una suma inesperada

perderse en él: 32
se enzarza en discusiones inútiles

Botas

agujereadas: 24
por fin conquistará una posición social elevada y duradera

con el tacón alto: 36
alcanzará una posición más elevada

limpiarlas: 27
es un trabajador infatigable, y por ello triunfará con total seguridad

Botella

entera: 7
está descontento

llenarla: 8
hallará un trabajo lucrativo

romperla: 6
un pariente rico morirá

verla rota: 4
llevará luto y recibirá una herencia importante

Botón

coserlo: 4
se aburre ocasionalmente con sus amigos

verlo: 2
tiene malas compañías

Bozal
ponerlo: 27
neutralizará a un enemigo chismoso

llevarlo puesto: 10
su tendencia a las murmuraciones podría perjudicarlo

Brazalete
llevarlo: 35
se unirá sentimentalmente a alguien; si aún no está casado, se prevé boda en ciernes

Broma
hacerla: 28
su ánimo es alegre y sociable

ser víctima: 16
se encuentra triste; no tiene muchos amigos

Bruja
verla: 40
alguien es hipócrita y provocará alguna traición, trampas o peligros

Búfalo
verlo: 24
ganará en el juego, riqueza, grandes ganancias

Búho
oírlo: 17
recibirá una mala noticia

verlo: 45
sus asuntos se han estancado; por el momento, permanecerá inactivo

Buscar
algo o a alguien: 12
nunca está satisfecho con lo que tiene y desea cosas irrealizables; sea más realista y concreto

Caballero *que cae del caballo:* 17
sufrirá un revés de la fortuna y grandes pérdidas

verlo al galope: 40
tendrá mucho éxito

Caballo *cabalgar sobre uno asustado y que se encabrita:* 6
hallará dificultades y problemas en su trabajo

dócil y obediente: 24
tendrá grandes ganancias, buenas ventas y compras ventajosas

llevar a pastar caballos salvajes: 14
tendrá que afrontar un trabajo duro, pero bien retribuido

Cabaña *verla:* 2
no alcanzará altas cotas en el mundo de los negocios, pero su vida será serena y tranquila

guarecerse en ella: 16
tras muchas penas, alcanzará por fin paz y serenidad

Cabello *calvicie en la parte derecha:* 14
perderá a un pariente de sexo masculino

calvicie en la parte izquierda: 36
su mujer (o su marido) morirá

calvicie en la parte posterior de la cabeza: 3
tendrá una vejez de penuria y una pequeña desgracia

perderlos: 17
sufrirá una desgracia familiar

ser calvo: 6
se sentirá afectado por sucesos tristes

tener lana en lugar de pelo: 26
se prevé una larga enfermedad, quizá tos

tener todo el cuerpo depilado: 9
será víctima de una desgracia

tenerlos bien cuidados: 32
tendrá buena suerte y alegría

tenerlos sucios y despeinados: 9
sufrirá molestias, dolor u ofensas

Cabeza

afeitada: 34
será derrotado

calva: 24
es muy amado

carecer de ella: 39
su dignidad y orgullo recibirán una ofensa, pero su actitud pasiva y apocada no le favorece en absoluto, con mayor voluntad y decisión, su situación mejoraría

cortársela a alguien: 45
pagará deudas gravosas y preocupantes

Cabra

macho cabrío: 40
es terco; si tiene cuernos, ojo con sus adversarios

tener muchas: 8
se encuentra en un periodo de abundancia y riqueza

ver una, blanca o negra: 2
mala suerte, se prevé una desgracia; ver una blanca, sin embargo, señala que el peligro es menor

Cacao

comerlo: 5
tiene un espíritu noble y un carácter agresivo

Cacería

de gran envergadura: 39
deberá afrontar situaciones peligrosas pero fructíferas

participar en una: 12
alcanzará el éxito, pero deberá superar muchos obstáculos y calumnias

ser invitado a una: 42
tendrá suerte en el juego, pero mala en otros aspectos

ver los arneses de caza: 11
hallará una persona a la que hacía tiempo que buscaba

Cadáver

embalsamado: 32
recibirá malas noticias

en descomposición: 40
tendrá que superar muchos obstáculos

verlo: 16
se casará en breve

verlo enfurecido: 17
tendrá ventaja sobre su enemigo

Cadenas

estar encadenado: 27
tristeza, sufrimiento, soledad; aún no ha encontrado su media naranja; su actual relación ya no le satisface

romper las cadenas: 3
se liberará de un vínculo indeseado y, gracias a las nuevas fuerzas que ello le infundirá, logrará progresar y madurar

Caer
cabellos que caen: 33
morirá un amigo

de un precipicio: 11
tendrá mala salud, quizá trastornos de presión arterial; contratiempos en los negocios

de un puente: 38
está nervioso y al borde del agotamiento, relájese, todo puede resolverse con tranquilidad

por un empujón: 7
desastre financiero, perderá sus bienes

Caerse
por un barranco: 25
tiene la tensión descompensada, sométase a control médico; está rodeado de personas desleales

Café
beberlo: 31
hallará un afecto profundo y duradero

verlo: 33
alguien alimenta habladurías en su contra

volcarlo: 12
tendrá un contratiempo molesto

Caja
abrirla: 23
vivirá una aventura amorosa; felicidad

abrir una llena: 10
se hará inmensamente rico

abrir una vacía: 6
perderá dinero, su futuro no es de color de rosa en el campo financiero

cerrarla: 27
desea moderar sus gastos; es muy celoso y posesivo

de madera: 14
si está llena y abierta, ha sido traicionado

verla: 9
pronto tendrá ganancias notables

Cal

verla: 24
grandes gastos; prudencia en un asunto delicado; es posible que realice un breve viaje

Calabaza

comerla: 20
su salud no es buena

verla: 22
tiene amigos sinceros; un hijo le dará quebraderos de cabeza a causa de sus errores

Calamidad

verla: 8
su personalidad fascina a la gente; se enamorará

Calavera

verla: 34
alguien le odia y podría perjudicarlo considerablemente

Calcular

34
tiene problemas de dinero, en los últimos tiempos ha afrontado grandes gastos y ahora sufre las consecuencias

Caldo

beberlo: 2
concluirá asuntos ventajosos; si está unido sentimentalmente a alguien, pronto se casará con él/ella

Calendario *36*
alcanzará altas metas, aunque tendrá que superar notables problemas de dinero a fin de mes durante bastante tiempo; si es tenaz, saldrá rico y victorioso

Calentar *a alguien: 19*
sufrirá un malestar leve que superará con facilidad

darse calor: 21
su esperanza se resiste a morir; alcanzará su meta, aunque tras muchas renuncias y esfuerzos

Caligrafía *leer una desconocida: 7*
pronto habrá novedades

ver la propia: 17
si es bonita y legible, tendrá mucha suerte en los negocios; si es ilegible, tortuosa o desagradable, su situación económica empeorará

Cáliz *beber de él: 32*
si lo sueña un enfermo, próxima curación; si lo sueña una persona sana, tendrá mucho éxito en los negocios

llenarlo de vino: 8
tendrá una vida próspera y feliz

Callos *verlos: 13*
tendrá una gran desgracia familiar

Calumniar *a alguien: 21*
debe ser más discreto y respetuoso, aunque haya sido ofendido

ser calumniado: 13
alguien que le odia le difamará públicamente

Calvicie *ser calvo:* 6
perderá a un amigo muy querido; herencia

Cama *estar tumbado sobre una limpia y ordenada:* 4
caerá enfermo

romperla: 21
quiere divorciarse y alejarse de la persona con la que vive y a la que ya no ama; es posible que tenga miedo de las relaciones sexuales

vacía: 35
tendrá una desilusión amorosa

verla: 41
tendrá suerte en el trabajo

Camarero *serlo:* 25
tiene buenas ganancias, pero un trabajo muy cansado

tener uno: 24
alcanzará el bienestar, aunque no será mucho más independiente

Camello *ver muchos:* 17
cosechará grandes riquezas

verlo: 15
deberá desempeñar un trabajo duro y desagradable

Caminar *cuesta abajo:* 13
obtendrá un éxito fácil

cuesta arriba: 15
alcanzará sus metas, pero con gran esfuerzo

entre inmundicias: 19
es muy avaro, y ello le acarrea mil preocupaciones

rápidamente: 31
deberá superar obstáculos

Camisa

confeccionar una: 2
tendrá muchas alegrías en el amor

ponérsela: 3
será feliz y afortunado

quitársela: 40
tendrá pérdidas financieras

rota: 39
su proyecto se ha revelado irrealizable

sucia: 35
alguien considera que su conducta no es tolerable, es objeto de habladurías justificadas

verla: 27
aún debe resolver un problema pendiente

Camisón

verlo: 3
se casará en breve

Campamento

militar: 33
si está vacío, se va a producir un cambio en su vida; si hay soldados, obstáculos o desgracia

Campanario

estar en la cúspide: 26
su posición social es objeto de envidia; disputará por ello con una persona que le conoce

verlo o entrar en él: 27
será muy afortunado

Campanas

oírlas repicar: 35
gran tristeza por culpa de un suceso imprevisto, tenga cuidado

si tocan por la noche: 38
vivirá una vejez apacible

Campesino

serlo: 33
riqueza y abundancia; concede demasiada importancia a la cultura y al mundo intelectual, perdiendo de vista las pequeñas cosas de la vida

Campo

de batalla: 17
se peleará con alguien

sin cultivar: 10
recibirá una sorpresa agradable

cultivarlo: 37
le propondrán en matrimonio; si aún no los tiene, hay hijos a la vista

verde: 16
le propondrán un negocio suculento, aproveche la ocasión

verlo: 16
es fuerte y vigoroso

Canario

oírlo gorjear: 24
está rodeado de aduladores

verlo: 39
entablará una nueva amistad

Candelabro

verlo: 6
no se fíe de quienes le rodean; trate de valerse únicamente de sus propias fuerzas y alcanzará lo que desea

Candidato *serlo: 37*
sus esperanzas se materializarán

verlo: 24
ha alcanzado lo que deseaba

Cantante *que canta canciones obscenas: 38*
debe estar en guardia contra una posible desgracia

cantar en la ducha: 7
tendrá mala suerte en algo que quiere emprender

serlo: 37
es alegre y tiene buena suerte

Caña *de azúcar: 1*
será feliz y conseguirá riquezas

doblada por el viento: 28
se deja influir en exceso por los que le rodean

de pescar: 18
tendrá ganancias de dinero inesperadas

verla en el agua: 11
no se atreve a tomar decisiones, debe ser menos frívolo y asumir sus responsabilidades

verla en el suelo o sentarse al lado: 8
tendrá una vida feliz y próspera

Cañón *manejarlo: 17*
sus esperanzas se ven entorpecidas

verlo: 18
debe estar en guardia para ahuyentar un peligro

Capilla *verla: 1*
pronto tendrá un nuevo amigo de confianza

Capullos *de flores:* 10
está a punto de vivir un nuevo amor

de rosas: 17
será muy afortunado en el campo sentimental

Cara *alegre:* 41
suerte en todos los campos

arrugada: 14
deberá afrontar problemas y discusiones familiares

hinchada: 46
un hijo caerá enfermo

lisa y coloreada: 3
gozará de buena salud y alegría

Caracoles *comerlos:* 20
pérdidas financieras y mala adaptación a su empresa

verlos: 7
su pereza le ocasionará grandes pérdidas financieras

Caravana *verla:* 41
deberá hacer un largo viaje junto con su familia; superará las dificultades

Carbonero *verlo:* 36
obtendrá lo que desea y será muy afortunado

Cárcel *estar en ella:* 38
aunque con dificultades, superará los problemas en los negocios; siente remordimientos por alguna acción que no debió cometer, pero es en vano ya que no puede hacer nada

Cardenal
verlo: 15
si aún no está casada, boda en ciernes; si ya tiene marido, vivirá grandes alegrías familiares

Carga
de un barco: 41
alguien le busca, experimentará alegrías con sus amigos

ver un carro cargado: 12
pronto hará amigos

Carnaval
celebrarlo: 3
actúa con exceso de ligereza; en el futuro, debe comprometerse más, en caso contrario, la situación empeorará

Carne
comer carne: 21
su situación es de bienestar y prosperidad

comer carne de cerdo: 22
obtendrá abundantes riquezas

comer carne de cordero y buey: 44
tendrá dificultades y problemas familiares

comer carne cruda: 49
sufrirá alguna enfermedad o desgracia

comer carne humana: 46
si se trata de un allegado, morirá

comer carne maloliente: 31
le propondrán en matrimonio y rechazará la propuesta

comer la propia: 25
si lo sueña una persona con pocos medios, por fin tendrá riquezas, ganancias; si lo sueña una mujer, se prostituirá; si lo sueña una persona rica, se arruinará

comerse mutuamente: 27
buen presagio, tendrá suerte

Carnero *verlo:* 32
es terco y se encastilla en sus opiniones; sea más flexible, no siempre va a tener razón

Carretera 44
representa la vida futura

colapsada: 33
se verá envuelto en una disputa familiar

con pendiente hacia abajo: 29
obtendrá fácilmente lo que desea

con pendiente hacia arriba: 10
alcanzará sus metas con esfuerzo

tortuosa: 27
deberá afrontar un proceso injusto

verla ancha, llana y bien asfaltada: 46
alegría, riqueza, prosperidad y buen comportamiento de los negocios; no deberá superar grandes obstáculos

Carro *ser transportado por él:* 43
sus hijos alcanzarán posiciones de prestigio; no es el mejor momento de viajar; retraso

tener que tirar de él: 47
está realizando muchos esfuerzos y la situación empieza a pesarle; puede sufrir pérdidas económicas; cuídese y vigile su salud, se expone a padecer agotamiento pero, si resiste, saldrá victorioso

Carroza *ser transportado en una:* 23
está muy cerca del éxito

Carta *escribirla a un amigo:* 19
descuida a sus amigos, es demasiado egoísta

recibir noticias y comprender la carta: 9
tendrá suerte en el trabajo y alegrías

recibir una carta: 2
vivirá una gran alegría

recibir una ilegible: 36
alguien trama algo siniestro a sus espaldas

Cartero

verlo: 49
recibirá novedades y una carta de una persona que hace tiempo que no ve

Casa

grande: 39
felicidad, abundancia y riquezas; es el momento de emprender nuevas iniciativas

hallarse en una casa desconocida y sin muebles: 11
disputas familiares; necesita renovarse e infundir dinamismo a su vida; se siente obstaculizado por su familia

pequeña: 47
disfruta de un ánimo sereno y alegre

sólida: 10
es querido y goza de grandes alegrías familiares

Casarse

con alguien: 41
su porvenir será afortunado

con un desconocido: 21
deberá superar problemas y obstáculos

Cáscara de huevo

verla: 40
morirá un allegado

Cascos *de un caballo:* 10
hará un viaje

Castañas asadas *comerlas:* 31
está viviendo un periodo afortunado y feliz

Castaño *comer sus frutos:* 5
será muy feliz y afortunado

ver el árbol: 21
si actúa con celeridad, llevará a cabo sus planes

Castigar *a alguien:* 33
neutralizará a un enemigo; buena suerte

ser castigado: 2
siente remordimientos por una acción ilícita pasada

Castillo *cerrado:* 15
tiene que superar un gran obstáculo

hallarse en uno: 23
vivirá una aventura inesperada y peligrosa, pero saldrá indemne y satisfecho de ella

pasear entre sus ruinas: 16
le tributarán honores y reconocimientos; sin embargo, gente envidiosa difundirá rumores y calumnias contra usted

poseerlo: 9
vive en una situación boyante y desahogada

Catástrofe *vivirla:* 17
vivirá un cambio radical en su vida; de usted depende que su vida futura vaya por buen o mal camino; no se deje avasallar por los acontecimientos

Catedral *encontrarse en una:* 6
deberá atravesar momentos difíciles, pero un amigo le ayudará

verla: 1
alguien le pedirá en matrimonio; su futuro será próspero y feliz

Cavar *un campo:* 27
es un trabajador incansable; su decisión y espíritu emprendedor le permitirán realizar un gran deseo

Cazador *serlo:* 6
es demasiado agresivo y se inmiscuye en la vida de los demás; tiene la suerte de cara, pero no abuse

Cazuela *verla, utilizarla:* 7
carece de tacto y diplomacia con las personas que le rodean

Cebada *verla o comerla:* 11
disfrutará de buena salud y prosperidad

Cebolla *verla, comerla, cortarla:* 1
contratiempos y situación muy adversa; es posible que le ocurra una pequeña desgracia

Cebra *verla:* 10
deberá afrontar notables dificultades, pero logrará superarlas

Cedazo *pasar algo por él:* 14
despilfarrará dinero inútilmente, pronto se hallará en apuros económicos y nadie le ayudará

Ceguera

ser ciego: 41
experimentará un gran dolor

Cejas

quemárselas: 37
deberá afrontar una disputa familiar

tenerlas bonitas y espesas: 6
tendrá salud y buena suerte

Cementerio

hallarse en él: 35
señal propicia; heredará de un pariente lejano

si se ven fantasmas: 5
fin del sufrimiento, la soledad y la miseria; recibirá ayuda de una persona amiga

ver un cementerio: 47
caerá enfermo

Cena

verse cenando: 42
tras múltiples romances, por fin ha encontrado a una persona que le ama sinceramente

Cenizas

caminar por encima: 8
es una persona ávida y sin escrúpulos

verlas y recogerlas: 20
llevará luto familiar; gran herencia

Cepillar

algo: 37
tiene amistades fieles

ver a alguien: 6
morirá un pariente

Cera *amasarla: 6*
usted y su pareja son taciturnos, de buen corazón y muy tranquilos

fundirla: 27
dilapidará su patrimonio

Cerdo *darle de comer: 4*
sea precavido y ahorrador

sacrificarlo: 34
se abre un periodo próspero

salvaje: 11
alguien quiere perjudicarlo

ver una piara: 4
es perezoso e indeciso en las situaciones difíciles; siente apego por la vida y las personas, pero no sabe manifestar sus sensaciones, si no modifica su actitud, pronto se quedará solo

verlo en la pocilga: 41
es el momento de aprovechar su buena suerte

Cereales *ver gran cantidad: 18*
tendrá un porvenir rico y próspero

ver poca cantidad: 27
tiene escasos medios económicos

Cerezas *comerlas: 47*
sentirá una repentina pasión amorosa; cuidado, porque podría tratarse de un amorío pasajero, insensato y peligroso

Cerillas *apagarlas: 17*
le espera una situación dolorosa

verlas: 18
recibirá una sorpresa agradable; su patrimonio aumentará

Cerradura *abrirla:* 2
con su entusiasmo conquistará a la mujer que ama

no lograr abrirla: 11
cuidado con los ladrones; guárdese de un peligro

Cerrar *una puerta:* 34
quiere evitar cosas desagradables; es muy individualista y poco sociable

Cerveza *beberla:* 10
se halla rodeado de personas poco escrupulosas

clara: 11
recibirá una carta

derramarla: 15
suscita antipatías

negra: 5
obtendrá grandes ganancias

Cestito *con flores:* 49
se siente alegre y dichoso

lleno: 38
ama y se siente correspondido

vacío: 23
su amor no es correspondido

Cesto *de la ropa sucia:* 46
sufrirá pérdidas monetarias

Chapotear *oír: 17*
es mejor postergar un viaje que sería desgraciado

Chimenea *apagada: 31*
la armonía familiar se ha roto; perderá el empleo en breve, comience a buscar uno

encendida: 13
el afecto que le rodea es sincero

que desprende humo: 8
dejará escapar una buena oportunidad

Chinches *ser mordido: 30*
disfrutará de gran abundancia y riqueza

verlas: 31
se peleará con alguien

Chispa *verla: 41*
gozará de una alegría pasajera; tendrá un éxito inesperado

Cicatrices *verlas en otro: 1*
siente remordimiento por una mala acción o su falta de sensibilidad pasada; a estas alturas, ya no puede hacer nada, no vale la pena remover el pasado

verlas en uno mismo: 9
afrontará una vejez apacible ahora que ha superado muchos obstáculos y ha adquirido experiencia

Cielo *claro y limpio: 15*
tendrá suerte, inicia un periodo provechoso

con figuras extrañas: 9
está viviendo un periodo muy importante

estrellado: 4
su situación actual cambiará radicalmente

oscuro: 9
le amenazan molestias y complicaciones

Ciénaga

caer en ella: 25
debe cambiar de ambiente; su actual círculo de amistades no es muy recomendable

superarla de un salto: 15
evitará una situación muy desagradable y peligrosa

verla de lejos: 22
si juega a la primitiva, recibirá un premio notable

Ciervo

matarlo, capturarlo: 6
recibirá honores y reconocimiento

poseerlo: 17
sufrirá alguna desgracia; turbación

verlo: 21
alcanzará una buena posición

verlo correr: 7
alcanzará el bienestar de manera rápida

Cigarrillos

fumarlos: 36
naturaleza aventurera; alcanzará una buena posición económica

verlos: 15
es vivaz y divertido

Cigüeña

si se ve en invierno: 34
el tiempo será lluvioso y ventoso

si se ve en verano: 23
el tiempo será seco

verla: 22
si quiere salir de viaje, este es un momento muy favorable;
si aún no está casado, hay boda e hijos en perspectiva

Cinta

corta: 40
su vida será breve

deshacerla: 10
hará un largo viaje

larga: 15
vivirá muchos años

medirla: 19
tendrá ingresos

sostenerla en la mano: 44
tiene un amigo leal

trenzarla: 10
vivirá un amor sensual

Cinturón

de oro o muy valioso: 13
su matrimonio es dichoso

encontrarlo: 9
ganará cada vez más influencia

perderlo: 7
ha dejado escapar una oportunidad muy favorable

verlo, llevarlo: 13
buen presagio, tendrá suerte y alegría

Ciprés

plantarlo: 12
es una persona constante, pero lenta de reflejos

verlo: 36
llevará luto por un familiar

Círculo

estar encerrado dentro de él: 36
le pedirán dinero con mucha insistencia

Cirio

comprarlo: 25
ha logrado resolver un gran problema

verlo: 12
participará en un bautizo

Ciruelas

comerlas: 5
es materialista y divertido; alguien no cumplirá lo que usted espera de él

verlas, secas o frescas: 39
no soporta estar solo, desea la compañía de gente simpática y sin grandes problemas; satisfacción

Cisnes

oírlos cantar: 5
morirá un allegado

verlos: 11
sufrirá una gran tristeza; si está enfermo, rápida curación

Cita

tener una: 14
es afortunado en amor y tendrá una alegría inesperada

Ciudad

grande: 18
vivirá nuevas experiencias

pasear por una ciudad desconocida: 29
tendrá que superar un gran obstáculo; tristeza; es posible que salga de viaje

pequeña: 5
debe abrirse a las nuevas ideas, es demasiado conformista

Clavar   *algo:* 13
cosechará muchas deudas

ver a alguien clavar clavos: 20
será víctima de deudas ajenas; pérdida de dinero

Claveles   *cogerlos:* 20
participará en una fiesta divertida

verlos: 8
tiene un temperamento pasional

Clavos   *golpearlos:* 37
ha tomado la decisión correcta

verlos: 25
recibirá una noticia inesperada; se cumplirá un deseo

Cocer   *carne u otro producto:* 13
vivirá una vida larga y saludable

Cocina   *cocinar:* 13
en la familia reina la armonía

dirigirse hacia ella: 11
alguien habla mal de usted

verla: 9
vivirá una vida longeva

Cocinero   *verlo en casa:* 16
buena suerte; si nos queremos casar, el matrimonio será feliz; si lo sueña un enfermo, la enfermedad irá a peor y aumentarán los sufrimientos

Cocodrilo
verlo: 1
le traiciona un allegado; alguien le causará daño

Codorniz
comerla: 12
disfrutará de un periodo de abundancia

verla: 7
recibirá noticias de un pariente lejano

Cojear
ver a alguien: 17
se hallará en una situación embarazosa

verse uno mismo: 32
deberá afrontar disputas y disgustos

Cojín
verlo: 14
es muy charlatán y trivial; debería hablar menos y hacer más

Cola
tenerla: 21
es una persona afortunada

ver la de un caballo: 37
recibirá honores y reconocimiento

Colección
de cualquier tipo: 14
está desperdiciando su tiempo; debe ser menos trivial, en caso contrario sufrirá las consecuencias; puede ocurrirle un suceso desagradable

Colgar
6
tendrá un triunfo laboral

un cuadro: 15
defraudará la confianza de un amigo

un reloj: 27
es un avaro

un traje: 15
sufrirá una enfermedad, con peligro de recaída

una jaula con pájaros: 46
es inconstante

Collar

llevarlo puesto: 41
de brillantes, se hace muchas ilusiones; de perlas, tristeza o malhumor

Colmena

verla: 33
tendrá suerte en los negocios y ganancias

Color

amarillo: 18
alguien se mostrará generoso con usted

azul: 34
conocerá un tiempo de paz

blanco: 16
inocencia; triunfo de la justicia

negro: 13
mal presagio

rojo: 26
es víctima de la ira y pronto alguien o algo suscitará su desaprobación

verde: 33
se siente confiado, tendrá buenas noticias

violeta: 29
se anuncia buena suerte

Colorear   *telas o un dibujo: 31*
no es leal, se ha enzarzado en mentiras e intrigas

Columna   *caída: 17*
ha perdido a un buen amigo

verla: 44
le ayudará una persona muy influyente

Columpio   *columpiarse: 30*
tendrá pequeños problemas con la ley, si bien en su conjunto vive un momento feliz

verlo quieto: 3
vivirá una alegría de breve duración

Comadreja   *cazarla: 7*
tendrá ganancias fáciles

verla: 22
una mujer de conducta dudosa hará que se enamore de ella

Comadrona   *hablar con ella: 35*
pronto se casará; si ya lo ha hecho, tendrá un hijo

verla: 27
tendrá pocos hijos; felicidad, plenitud; gran alegría

Comer   *algo de aspecto atractivo, pero de pésimo sabor: 38*
sufrirá una desilusión amorosa

carne: 3
tendrá grandes ganancias

dulces o fruta: 8
vivirá algunas aventuras amorosas

legumbres o ensalada: 14
cuidado con la salud, podría enfermar

platos cocinados por el soñante: 41
disfrutará de buena suerte y prosperidad

Comercio

soñar que se es un comerciante: 27
cerrará buenos negocios; riqueza, abundancia

Cometa

verla ascender: 46
tendrá un porvenir próspero

verla descender: 2
deberá afrontar una situación difícil

Cometa

verlo: 4
sufrirá trastornos, problemas y penuria

Comida

rechazarla: 21
enfermedad leve que superará con facilidad

soñar que se come algo: 15
su situación experimentará un profundo cambio

Compasión

sentirla por alguien: 25
vivirá una gran alegría

Comprar

algo: 18
se gasta el dinero con mucha facilidad

alimentos: 29
tendrá huéspedes agradables

fruta: 21
es posible que pierda dinero

Comunión *hacerla: 6*
desgracia, mala suerte; muerte de un amigo querido

Conchas *hallarlas: 21*
se siente muy molesto por un incidente desagradable

verlas: 31
tendrá notables responsabilidades

Concierto *asistir a uno: 40*
recibirá noticias alegres

dirigirlo: 25
alcanzará una buena posición y sus méritos serán reconocidos

Condenar *a alguien: 20*
es una persona cruel y despiadada

ser condenado: 10
saldrá indemne de una situación peligrosa

Conejo *verlo: 20*
es voluble en el amor; sus pasiones se extinguen pronto, es inconstante

Confesar *a alguien: 27*
averiguará algo que desconocía

a uno mismo: 28
por fin está tranquilo

Congelar *algo:* 4
tendrá un fracaso en algún campo

Congreso *participar en él:* 49
recibirá un premio

Conocido *verlo:* 18
se cumplirá un deseo secreto

Construir *algo:* 47
tendrá una carrera rápida y brillante

ver construir: 11
cambiará de domicilio

ver construir casas pequeñas: 11
sus proyectos son más bien modestos

ver construir grandes edificios: 29
tiene proyectos faraónicos

Convento *verlo:* 20
alimenta un amor secreto

dirigirse a uno: 37
vivirá una vejez tranquila y apacible

Copiar *algo:* 21
alimenta un temor injustificado

Coral *verlo:* 12
sentirá un gran dolor

Corazón *cortarlo:* 22
la persona amada le abandonará

sano: 49
recuperará negocios importantes que se habían interrumpido

sangrante: 32
recibirá ofensas y mortificación

tener dolor: 45
alguien se ha portado mal con usted; traiciones

Corbata *anudarla: 20*
tiene dolor de garganta

deshacer el nudo: 31
se curará de su dolor de garganta

verla: 6
está lleno de deudas y en una situación apurada

Corcho *verlo, usarlo: 34*
es temerario y frívolo en los negocios

Cordero *hallar uno extraviado: 22*
su matrimonio es feliz

sostenerlo en los brazos y acariciarlo: 38
está trabajando intensamente y mejorará en el plano económico

verlo pastar: 34
recibirá satisfacciones por parte de sus hijos

Cordillera *verla: 1*
su carrera será brillante, alcanzará sus objetivos con facilidad

Corona *de flores: 16*
vivirá una alegría apacible

de un material valioso: 37
recibirá un gran regalo

verla: 46
alguien le incitará a cometer una acción ilícita

Coronar *ver una coronación:* 7
recibirá una alegría pasajera

verse uno mismo coronado: 18
(véase Ídolo)

Correo *verlo:* 6
su situación se estabilizará

Correr *verse:* 34
su ánimo será alegre y gozará de salud y buena suerte; si lo sueña un enfermo, empeorará

Cortar *árboles:* 32
las cosas no se desarrollan como querría, conocerá desventuras y disgustos

grasa o tocino: 9
conocerá la muerte de algún allegado

los dedos: 46
llevará luto por algún familiar, gran disgusto

Cortejar *a alguien:* 21
ganará mucho dinero; si aún no se ha casado, pronto lo hará

Cortejo *nupcial:* 43
conquistará a alguien a quien no desea

verlo: 25
todo le va bien, conseguirá riquezas; vida venturosa

Corteza

de pan: 41
comprará una fábrica

Corzo

matarlo: 17
no valora lo que tiene y actúa sin pensar

verlo en un prado: 23
vivirá momentos muy felices

Cosecha

tener una buena cosecha: 21
sus ideales se realizarán; tendrá éxito en el trabajo, suerte y alegría en la familia

tener una cosecha escasa: 22
no sea demasiado temerario en los negocios, podría sufrir pérdidas monetarias

Coser

dejar una labor a medias: 8
tendrá un nuevo amor; si está casado, riña

pincharse mientras se cose: 4
se casará un familiar

una prenda: 9
todo le irá bien; prosperidad

Cosquillas

9
Véase *Picor*

Cráneo

roto: 47
tendrá grandes preocupaciones

	verlo: 46 cerrará un buen negocio
Crecer	21 recibirá honores y riquezas y gozará de una posición social óptima
Crédito	*recibirlo:* 4 está enfadado *si un acreedor le agobia:* 11 logrará superar el mal momento *verlo:* 46 está cometiendo un fraude
Cristal	*de nieve:* 9 tiene trato con personas triviales y desleales *verlo:* 14 conocerá a una persona leal y honesta
Cruce	*encontrarse en él:* 8 materializará un proyecto, aunque tras muchas dudas
Crustáceos	*verlos:* 11 una persona de su confianza le engañará; tristeza y desilusión
Cruz	*en la carretera:* 6 recibirá una buena noticia *llevarlo:* 42 alguien habla mal de usted

ser crucificado: 30
favorable para un viaje en barco; si no está casado, pronto lo estará, pero no será feliz

verla llevar: 6
morirá un allegado

Cuaderno

verlo: 4
será afrentado por sus amigos a causa de su carácter débil

Cuadrante

de un reloj: 12
es perezoso y trata de librarse del trabajo

Cuadro

colgarlo en la pared: 22
recibirá reconocimientos y honores

comprarlo: 18
se casará y tendrá hijos

con paisaje: 40
recibirá honores y riquezas sin gran esfuerzo

con retrato: 49
vivirá una alegría duradera

descolgarlo: 12
sus méritos no serán debidamente recompensados

pintarlo: 19
entablará una nueva amistad

Cubo

llenarlo: 6
aventura amorosa; en el campo laboral, la situación mejorará notablemente

vacío: 6
su situación económica no es demasiado buena

verlo lleno: 40
su actividad es muy lucrativa; riquezas futuras

Cucarachas *capturarlas:* 41
está atravesando un momento agradable y afortunado

en la cama: 9
será calumniado injustamente

verlas: 33
controle su estado de salud, es posible que sufra una enfermedad grave

Cuchillo *verlo o usarlo:* 41
cuidado con un peligro inminente

Cuello *dolorido:* 3
caerá enfermo

ser decapitado: 26
perderá a un hijo o a una persona muy querida; si lo sueña un condenado a muerte, vida

Cuento *contarlo:* 37
miente con frecuencia

oírlo contar: 8
tendrá mucha suerte, verá realizadas sus esperanzas

Cuerda *larga:* 8
materializará sus proyectos con mucho retraso

rota: 24
será víctima de una enfermedad muy grave

verla: 29
se sentirá muy molesto

Cuernos *tenerlos:* 37
morirá violentamente

verlos: 18
su mujer o su marido le será infiel

Cuero
comprarlo: 28
caerá enfermo

cortarlo: 34
disputará con alguien

Cuervos
ahuyentarlos: 3
descubrirá un fraude

verlos: 22
será infiel; sentirá dolor y desilusión

Cuesta
caer rodando: 7
podría hallarse en una situación peligrosa por un motivo absurdo; sea más prudente

con musgo: 34
su vida es feliz; vivirá en la tranquilidad y la alegría de ánimo

rocosa: 35
tendrá un disgusto y muchos problemas que resolver

Cueva
encontrar una: 32
un amigo le abandonará

hallarse en ella: 11
será abandonado por una persona amiga; traición

marina: 25
se casará, aunque no está enamorado

refugiarse, huyendo: 1
está angustiado, pero en realidad nadie le persigue

Culpar
a alguien: 33

su salud está maltrecha, debe cuidarse
a la pareja: 15
recibirá una mala noticia

uno mismo: 28
es respetuoso y se siente feliz

Cumbre

coronarla: 48
tendrá que superar obstáculos notables

verla: 48
ha conquistado la fortuna trabajando duramente

Cuna

ver cómo se mece: 3
sus esperanzas se harán realidad; si aún está soltero, se casará; si ya está casado, tendrá hijos

Cúpula

verla: 37
tendrá mucha suerte en los negocios

Dados
: *jugar:* 29
ahora no tiene dinero, pero si desea jugar, este es el momento oportuno

verlos: 9
perjuicio, desgracia; si lo sueña un enfermo, la enfermedad irá a peor

Dalias
: *floridas:* 41
vivirá una gran alegría

Damas
: *jugar a las damas:* 17
una persona allegada trata de hacerle daño y engañarle

Dátil
: *comerlo:* 49
recibirá un beso de la persona a la que ama

verlo: 32
suerte en el amor

verlo en el árbol: 45
hará un viaje funesto

Decapitar
a alguien: 41
llevará las de ganar frente a su adversario

ser decapitado: 49
perderá a uno de sus parientes más próximos; miedo

Dedos
cortárselos y ver salir sangre: 12
un conocido enfermará de gravedad

perder un dedo: 19
morirá un familiar

verlos bonitos y sanos: 11
tendrá honores y prestigio

Defecar
37
tendrá éxito y suerte

Defenderse
de alguien: 17
abandonará un proyecto; reconoce sus propios límites y posibilidades

Delantal
con pechera: 6
se enamorará de nuevo

lavarlo: 17
es demasiado débil y se deja dominar por los demás

perderlo: 7
alguien le engañará

verlo: 17
no preste atención a las habladurías

Delfín
verlo en el mar: 26
suerte y amigos fieles

verlo fuera del agua: 43
un amigo muy querido fallecerá

Delito	*ser víctima de uno:* 14 tristeza; cuidado, alguien quiere engañarle *soñar que se comete uno:* 21 tendrá las de ganar frente a un amigo suyo
Demente	*pelear con él:* 17 gozará de buena suerte y bienestar *serlo:* 22 llevará a cabo actividades que inició hace tiempo *verlo:* 7 tiene problemas sentimentales que le angustian
Derribar	*algo o a alguien:* 37 la suerte le sonreirá tras muchos contratiempos *árboles con frutos o flores:* 32 sufrirá una enfermedad grave y tardará en curarse
Derrumbamiento	*de una casa:* 5 no se fíe de los demás, sino sólo de sí mismo *económico:* 41 comienza un periodo que le traerá riqueza y bienestar
Desangrarse	18 no goza de buena salud; tiene la tensión arterial baja; es posible que sufra una grave pérdida financiera, tenga precaución
Descargar	*algo:* 9 prestará su ayuda a una persona que se halla en apuros económicos *ver a alguien:* 24 goza de una posición social y económica óptimas

Descarrilar *un tren: 17*
vivirá una aventura desagradable; cuidado con un peligro inminente

Desear *algo: 35*
es una persona insaciable

satisfacer el deseo: 11
hallará a un amigo fiel; buena suerte

Desfiladero *no poder salir de él: 40*
tiene malas compañías; es posible que se drogue

precipitarse por uno: 7
deberá superar grandes obstáculos

verlo: 8
es un irresponsable; si no reflexiona más, causará graves perjuicios a un amigo

Desheredar *ser desheredado: 9*
morirá una persona a la que no ama

Deshollinador *verlo: 14*
acabará aclarándose una cosa que hace tiempo que sospechaba; suerte y alegría

Desierto *encontrarse en uno: 3*
obstáculos, pérdidas y contratiempos en los negocios

hacer un viaje de placer: 43
es muy generoso y tiene un espíritu noble; tendrá suerte en el campo sentimental

Desmayarse

verse uno mismo: 36
amor no correspondido; ligera enfermedad

Desnudar

a alguien: 31
no respeta los sentimientos de los demás

uno mismo: 21
tiene parientes envidiosos y desleales; es muy exhibicionista, pero al mismo tiempo tímido

Desnudarse

ver a alguien: 36
tenga cuidado, pueden robarle

verse: 31
sentirá una alegría inesperada

y avergonzarse: 12
es inseguro y exhibicionista

Desnudez

caminar desnudos: 34
tiene una notable tendencia al exhibicionismo, pero es leal y sincero

ver a otras personas desnudas: 18
no se preocupe, su situación se presenta feliz y alegre

verse uno desnudo: 7
su situación económica es precaria; recibirá una afrenta; siente un complejo de inferioridad muy acusado

Desorden

provocarlo: 48
no es una persona de espíritu leal

verlo: 45
tendrá problemas familiares por su culpa

Despacho *hallarse en él:* 44
recibirá una noticia desagradable

Despertar *a alguien:* 10
es muy amado

ver a alguien: 49
pronto recibirá noticias de una persona a la que hace tiempo que no ve

verse: 20
inicio de actividades nuevas y afortunadas

Despido *despedir a alguien:* 31
se librará de una persona molesta

ser despedido: 25
es un miedoso, debe afrontar las situaciones con más valentía, resolución y empeño

Despreciar *a alguien:* 3
ha sido la víctima injusta de un error

ser despreciado: 7
tendrá una carrera rápida y feliz

Destruir *algo con rabia:* 40
es infeliz por una disputa con la persona amada

Detener *ser detenido:* 43
sufrirá ultraje público

ver a una persona detenida: 9
tendrá sentimiento de culpa por una mala acción cometida tiempo atrás

Deudas   *saldarlas: 34*
es prisionero de algo de lo que se quiere liberar; preocupaciones

si lo sueña un enfermo: 17
si sabe que tiene una deuda, su enfermedad empeorará notablemente

tenerlas: 23
es demasiado derrochador

Diablo   *encontrárselo o ser amigo suyo: 28*
una persona que creía amiga le traicionará y le hará sufrir

Diadema   *tenerla: 2*
destaca de entre la masa

Diamante   *coleccionar: 14*
tiene vanas esperanzas de materializar sus proyectos

falso: 18
no se confíe, las alegrías pueden ser efímeras

perderlo: 8
será ultrajado

recibirlo: 41
le tributarán honores

verlo: 29
aumentará su bienestar y patrimonio

Diario   *tenerlo: 11*
caerá enfermo

Dibujar   *algo: 7*
se realizará un proyecto; tendrá suerte

recibir uno: 8
alguien desea casarse con usted

ver un dibujo: 7
vivirá una experiencia agradable

Dientes

hacérselos arrancar: 38
quiere romper cualquier vínculo con cierta persona

limpiárselos: 2
superará obstáculos

perder dientes: 38
perderá a un pariente, dinero y objetos de valor

perder los dientes de abajo: 48
perderá a una persona mezquina y sin importancia

perder los dientes de arriba: 19
morirá un persona influyente e inteligente

perder dientes cariados, rotos o podridos: 23
se librará de problemas opresivos

perder los dientes de la derecha: 11
morirá un hombre, o una persona de mucha edad

perder los dientes de la izquierda: 22
morirá una mujer, o una persona de corta edad

si se tienen muchas deudas: 35
perder dientes significa que devolverá el dinero a sus acreedores

tener carne o espinas entre los dientes: 23
deberá afrontar obstáculos y preocupaciones

tenerlos blandos: 16
morirá

tenerlos de cristal, de madera o frágiles: 26
morirá violentamente

tenerlos de marfil o de oro: 26
buen presagio, tendrá riquezas, abundancia y buena suerte

tenerlos postizos: 13
alguien quiere engañarle

ver cómo crecen los dientes perdidos: 11
si los dientes nuevos son mejores que los anteriores, cambio de vida hacia mejor; si son peores, empeoramiento de la situación

Difunto

verlo: 1
suerte y alegría familiar; se realizarán sus proyectos

si se presenta enfadado y con estrépito: 38
ha sido poco leal con alguien y ahora sufre las consecuencias

Diligencia

verla: 7
viajará a países que no conoce

Diluvio

estar en el centro: 41
tendrá grandes pérdidas

universal: 44
corre el riesgo de perder su patrimonio

Dinamita

que explota: 28
es muy respetado

Dinero

encontrárselo: 9
tendrá suerte en el juego

ganar mucho: 31
vivirá problemas inesperados, pero fáciles de resolver

perderlo: 42
tiene buenas perspectivas en los negocios

poseer mucho: 21
tendrá pérdidas financieras notables, debe afrontar la vida de una forma más activa

prestarlo: 38
se halla en una situación muy embarazosa

Dios

adorarlo: 22
es feliz y aún tendrá más suerte

convertirse en uno: 41
se ordenará sacerdote o monja; si está enfermo, empeorará; si es pobre, su situación económica mejorará; tendrá buena suerte

Diploma

recibirlo: 32
es una persona segura de sí misma que sabe tomar sus propias decisiones y compromisos

verlo: 39
ha descuidado algunas cosas importantes

Dique

naval: 41
sus proyectos se revelan irrealizables

saltarlo: 38
muerte de un amigo

trabajar en él: 7
sus empresas darán frutos

verlo: 32
no emprenda proyectos que le superan, empiece de cero y proceda paso a paso

Dirección

leerla: 38
recibirá buenas noticias

Director
: *hablar con él: 34*
  alcanzará una posición influyente

  verlo: 25
  le espera algo nuevo, verá realizado un deseo

Dirigible
: *verlo: 25*
  verá realizado un deseo

  viajar en él: 32
  es valiente y sereno

Discordia
: *entre dos enamorados: 33*
  su vida familiar será apacible

  ver personas discutiendo: 23
  está descontento; cuidado con un peligro

Disparar
: *con un arma de fuego: 22*
  es violento e impulsivo; con frecuencia se deja atraer por mujeres seductoras; infidelidad

  oír disparar: 22
  enfermedad en ciernes

Disputas
: 27
  la situación está en proceso de cambio, sea prudente y desconfíe de personas desleales

  con la pareja: 15
  su matrimonio será feliz

Divertirse
: *con amigos: 33*
  es simpático y apreciado por sus amigos; le invitarán a una fiesta

Divorciarse	29 deberá alejarse de algo o alguien a quien ama, pero que le ocasiona muchos problemas
Documentos	*enseñarlos:* 3 tendrá problemas con la justicia
Dolor	*de cabeza:* 48 es inconstante en el amor *de estómago:* 9 se alimenta de manera equivocada *de ojos:* 2 alguien quiere engañarle
Dormir	18 el periodo que comienza no le resultará favorable
Dragón	26 logrará superar muchos obstáculos
Ducha	*darse una:* 31 su empeño y tenacidad no serán reconocidos y apreciados por los demás
Duelo	20 deberá atravesar momentos difíciles; cuidado, correrá un grave peligro

Eclipse de sol o de luna	*verlo:* 39 mala suerte, perderá amigos o parientes; posibles pérdidas económicas
Eco	*oírlo:* 35 recibirá la visita de un amigo; tiene predisposición a sufrir enfermedades cerebrales o sordera
Ejército	*en combate:* 41 sufrirá fuertes pérdidas económicas y deberá avergonzarse por una acción cometida en el pasado *en paz:* 36 recibirá honores y riqueza
Elefante	*montarlo:* 3 tendrá suerte en los negocios *si nos amenaza y quiere aplastarnos:* 40 sufrirá una enfermedad grave con riesgo de muerte *verlo en el umbral de nuestra casa:* 2 obtendrá una victoria segura *verlo muerto:* 30 renunciará a un proyecto

Embalsamar	*a una persona: 31* su hijo tendrá un carácter muy similar al suyo *un animal: 36* cree en todo lo que le dicen y suelen engañarle con frecuencia
Embarazo	*embarazo difícil: 19* tiene miedo al sexo *estar embarazada: 32* si lo sueña una mujer, tendrá suerte en la vida; relájese, tiene miedo de las relaciones sexuales *ver a una mujer encinta: 16* vivirá una experiencia desagradable
Embarcarse	*en un breve viaje: 18* disfrutará de muchos placeres y buena suerte *para un viaje: 17* tendrá problemas en el ámbito personal o financiero
Emboscada	*caer en una: 23* descubrirá un secreto *tender una: 24* debe ser más prudente
Embudo	*verlo: 29* siempre va al meollo de las cuestiones, sabe sintetizar y cerrar asuntos con inteligencia y sin irse por las ramas
Emigrar	*22* grandes cambios en ciernes; cambiará de ciudad, de trabajo o de tipo de vida

Empaquetar	*algo:* 7 sus asuntos están estancados
Emperador	*hablar con él:* 15 le rendirán honores y reconocimientos *verlo:* 15 ascenderá en el trabajo
Enamorarse	6 sufrirá un pequeño engaño *ver a alguien enamorado:* 31 vivirá un amor secreto
Enano	*serlo:* 6 gozará de buena salud *verlo:* 15 guárdese de la gente desleal y poco fiable
Encadenar	*a alguien:* 21 quiere impedir hablar a alguien *estar encadenado:* 36 si aún está soltero, pronto se casará *ver a gente encadenada:* 7 teme que alguien revele un secreto sobre usted
Encargo	*hacerlo:* 39 alguien le odia y usted no hace nada para que le aprecie *recibirlo:* 6 pronto recibirá buenas noticias de una persona lejana

Encender *fuego:* 7
es un presagio favorable tanto en el campo laboral como en el sentimental

la luz: 24
recibirá una buena noticia

una vela: 29
tendrá buena suerte y alegrías

Encerrar *a alguien:* 33
neutralizará a un enemigo peligroso

ser encerrado: 21
deberá superar obstáculos inesperados y molestos

Encina *seca:* 10
recibirá malas noticias

talarla: 44
es valiente

verla: 32
tendrá una vida larga y con riquezas

Encolar *algo:* 23
gracias a usted, se conocerán dos personas que se casarán

Encontrarse *con un amigo:* 4
le espera una gran alegría

con una persona a la que odia: 2
reñirá, vivirá una experiencia desagradable

Encrucijada *verlo:* 45
se halla en una situación embarazosa e incierta

Enebro
comer las bayas: 5
recibirá una buena noticia

Enemigo
besarle: 17
gozará de un periodo de paz

derrotarlo: 40
tras una época triste, conocerá la felicidad

encontrarse con él: 2
neutralizará a un rival

verlo: 1
tendrá problemas y estará triste

Enfadarse
31
logrará resolver una situación intrincada

ver a alguien enfadado: 37
frecuenta malas compañías

Enfermo
estarlo: 33
está triste y melancólico, desea recibir afecto y comprensión

hablar con él: 13
recibirá nuevas noticias y se cumplirá un deseo

ver a un familiar enfermo: 4
está en paro por perezoso

ver a un niño enfermo: 37
tendrá problemas familiares

visitarle: 33
la persona visitada en sueños está triste y abatida

Enfurecerse
estar furioso: 34
tiene un carácter pasional y agresivo

ver a alguien enfurecido: 7
es pacífico y odia la violencia

Enharinar *algo:* 25
no es muy leal, sino adulador y mezquino

Enjambre *de abejas:* 6
cosechará un éxito seguro en los negocios

de avispas: 4
tendrá problemas y contratiempos porque se rodea de demasiada gente

ser atacado por uno: 11
es demasiado débil y sin energía

Enlazar *algo:* 31
se unirá sentimentalmente a una persona

Ensalada *comerla:* 10
puede sufrir una breve enfermedad

verla: 18
goza de buena salud

Ensangrentarse 19
es una persona poco aguda y sagaz, debe saber aprovechar las oportunidades cuando se le presenten

Enseñar *a alguien:* 28
recibirá una invitación por parte de sus amigos

recibir enseñanza: 12
se deja dominar por los demás, debería ser más independiente

Ensuciarse *24*
    tiene suerte, gozará de bienestar y alegrías familiares

Entrada *abierta: 1*
    se encuentra en una etapa favorable; felicidad y prosperidad en los negocios

    cerrada: 28
    deberá superar muchos obstáculos

    solemne, verla: 27
    tiene un carácter alegre

Entrar *en la iglesia: 27*
    tiene un espíritu noble, pero necesita consuelo

    no encontrar la entrada: 21
    actúa sin pensar

Envenenar *a alguien: 49*
    es vil y mezquino

    ser envenenado: 13
    perderá a una persona querida

Enviar *algo: 16*
    hará algo que tenía pendiente desde hace tiempo; se liberará de un pensamiento enojoso

Envolver *algo: 5*
    tendrá disgustos de poca monta

Epilepsia *ver a un epiléptico: 2*
    vivirá un cambio radical en su vida

Equivocarse	*al formular un juicio:* 17 es demasiado impulsivo, lo que podría perjudicarle *al hacer una cuenta:* 32 no podrá realizar alguno de sus proyectos
Erizo	*verlo:* 9 está celoso de su pareja, y con motivo; contrariedades
Ermitaño	*serlo:* 39 vivirá una existencia tranquila y retirada *verlo:* 30 tiene ideas extravagantes; tendencia a la locura
Erupción cutánea	*tenerla:* 41 sufrirá una enfermedad leve *verla:* 44 se verá angustiado por múltiples problemas
Escalera	*bajarla:* 32 sufrirá notables pérdidas de dinero *subir por ella:* 43 tendrá mucho éxito en todos los campos y alcanzará la posición a la que tanto aspira *subir una de mano:* 4 aproveche la oportunidad, conseguirá abundantes riquezas *subir una de caracol:* 2 éxito seguro en los negocios, pero será lento; es demasiado indeciso *subir una que llega hasta el cielo:* 34 recibirá una gran alegría; transformación radical de su forma de vida

Escenario	*hallarse en él:* 14 recibirá malas noticias; contratiempos *verlo:* 43 está triste y tiene mala suerte
Escolares	*serlo:* 46 es melancólico y demasiado apegado al pasado *verlos:* 4 su vida será larga y laboriosa
Esconder	*algo:* 19 es una persona avara y desleal *uno mismo:* 14 la situación es desagradable y amenazadora y no sabe cómo resolverla, debe reaccionar con energía y resolución, y no instalarse en la melancolía
Escorpiones	*ser mordido:* 33 corre un grave peligro; miedo y disgusto
Escribir	*con la mano equivocada:* 34 hijos ilegítimos, adulterio, deslealtad respecto a su cónyuge *con una caligrafía distinta a la propia:* 23 es desleal y quiere engañar a un amigo *ver a alguien:* 10 pronto hará un breve viaje *verse uno mismo:* 29 debe tomar una decisión importante

Escudo
usarlo: 16
es introvertido y temeroso, su actitud a la defensiva le acarreará disgustos y soledad

verlo: 22
no encontrará obstáculos

Escuela
asistir: 11
sentirá alegrías sencillas

hallarse en ella: 4
vivirá una experiencia desagradable

llevar niños: 35
es una persona responsable y se ocupa con esmero de la familia

Escultor
serlo: 32
tiene tendencias artísticas ocultas

verlo: 3
alguien le mostrará su reconocimiento, pero desconfíe de los aduladores

Escupir
a alguien: 21
es demasiado impulsivo y autoritario

verse uno mismo: 13
para alcanzar el éxito deberá trabajar duramente

Esencias
olerlas: 20
las personas que le rodean no son leales; guárdese de los aduladores

Esgrima
practicarla uno mismo: 11
deberá renunciar a algo que desea desde hace tiempo

ver practicarla: 42
discutirá con un amigo

Esmeralda *llevarla:* 2
realizará sus esperanzas

verla, recibirla como regalo: 33
se prevén grandes cambios de ciudad, estado civil o patrimoniales

Espada *desenvainarla:* 1
se verá implicado en una disputa

herirse con ella: 22
recibirá la ayuda de una persona influyente

perderla: 7
su situación económica empeorará

recibirla, usarla: 39
alcanzará el poder y la fama

romperla: 31
se hallará en una situación embarazosa

ser herido por una: 34
está muy triste

Espalda *bonita:* 47
su vejez será venturosa

herida o rugosa: 33
dificultades con la edad madura

romperla: 21
deberá afrontar graves problemas en la vejez

Espejo *mirarse en él:* 35
su matrimonio será feliz; hijos y alegría familiar; si lo sueña un enfermo, significa muerte

reflejarse en el agua: 40
pueden morir el soñante o un amigo muy querido

romperlo: 37
no logrará realizar sus ambiciones

ver una imagen distinta de la nuestra: 34
tendrá hijos ilegítimos

ver nuestra imagen desmejorada: 19
pueden aparecer problemas de enfermedad, tristeza y melancolía

Espiar

a alguien: 33
será humillado por su comportamiento desleal; sea más serio y abierto

Espigas

cogerlas: 45
conseguirá ganancias y abundancia

desmenuzarlas o pisotearlas: 6
dejará escapar ocasiones importantes que le impedirán alcanzar sus objetivos

verlas: 21
logrará realizar sus deseos

Espina

notar el pinchazo: 12
deberá superar obstáculos, dolores o melancolía; también puede indicar un gran amor no correspondido

Esponja

usarla: 27
es tacaño y ello le hace antipático y solitario

Esposas

llevarlas puestas: 25
tendrá problemas con la justicia

ponérselas a alguien: 41
eliminará a un enemigo peligroso que entorpecía uno de sus proyectos

ver a otro con ellas puestas: 17
recibirá malas noticias

Espuma

verla: 35
es inestable y voluble en el campo afectivo, debe ser más leal y sincero

Esqueleto

verlo: 25
si lo sueña un enfermo, empeoramiento de la enfermedad o muerte; si lo sueña una persona sana, enfermedad grave o tendrá muchos disgustos

Esquí

soñar que se esquía: 12
logrará superar todos los obstáculos con facilidad y alcanzará una posición envidiable

Establo

verlo vacío: 40
verá las cosas de otro modo

verlo con animales: 10
su trabajo será lento y fatigoso, pero al final el éxito le sonreirá

Estación

hallarse en ella, verla: 37
viaje inesperado; necesita un poco de descanso para no agotarse por completo

Estanque

41
con cisnes: 40
se casará pronto

Estatua
convertirse en: 6
cuidado con un peligro inminente

de oro: 13
suerte, riquezas; se anuncia un viaje muy afortunado

de piedra: 14
ama y no es correspondido, se siente desventurado en el amor

rota: 21
alguien se interpondrá en un proyecto

Estiércol
dormir y rodar por encima: 18
si lo sueña una persona pobre, aumento de bienes por un golpe de suerte; si lo sueña una persona opulenta, miseria y humillaciones

estar cubierto de él: 16
tendrá mucha suerte en el trabajo; ganará fuertes sumas de dinero

ser embadurnado por amigos o parientes: 35
tendrá problemas familiares, riñas y humillaciones; es demasiado tímido

ver cómo nos lo arrojan a la cara: 6
no participe en juegos de azar, perderá

Estrangular
a alguien: 3
su actitud desconsiderada causará graves perjuicios económicos a alguien

serlo: 32
sufrirá desventuras, dolor y preocupaciones; se verá abrumado por las deudas

Estrellas
comerlas: 17
pasará un periodo de desgracias y desventuras

fugaces: 33
tenga cuidado, la situación es peligrosa

ver brillar una de manera excesiva: 2
nacimiento de un amor duradero

verlas claras y resplandecientes: 28
nuevo amor; buen momento para viajes y actividades

verlas en casa: 4
cambiará de vivienda y tendrá algunos problemas

Estufa

caliente, calentarse: 40
obtendrá grandes éxitos y una envidiable situación económica

comprarla: 18
su vejez será apacible y sin preocupaciones

encenderla: 43
se ha restablecido la armonía familiar

quemarse: 37
perderá la confianza en sí mismo

Eunuco

verlo: 40
sufrirá una desgracia; peligro inminente

Evangelio

leerlo: 41
le asalta un problema y necesita un consejo sensato

Examen

presentarse: 37
alcanzará las metas que se propone

realizarlo: 8
hallará múltiples obstáculos, pero saldrá airoso; es optimista

Excavar *verse uno mismo:* 19
tiene expectativas halagüeñas en el ámbito laboral; abundancia y vida opulenta

Exilio *estar en él:* 7
romperá una amistad; tristeza; cambiará de actividad o de país

Explicar *algo:* 36
es sociable y bien considerado, las personas que le rodean piden consejos con frecuencia

Explosión *hallarse en el centro de una:* 17
vivirá molestias y contratiempos; posible enfermedad

oírla: 17
vivirá un acontecimiento familiar que dará que hablar; miedo

verla: 28
será testigo de un acontecimiento sorprendente y muy hermoso

Extranjero *ver países desconocidos:* 1
saldrá para un largo viaje

Extraños *encontrárselos:* 9
conocerá a personas interesantes

Extraviarse 7
encontrará muchos obstáculos antes de alcanzar la felicidad; gran disgusto

Fábrica	*poseerla:* 31	
	tendrá una carrera brillante, pero antes deberá superar algunos obstáculos	
	verla: 12	
	conseguirá un éxito laboral	

Falda *llevarla:* 17
si lo sueña un hombre, mala suerte y muerte; en caso contrario, no indica nada en especial

verla: 20
se siente atraído por una mujer maliciosa y astuta

Familia *ver la propia:* 5
vivirá una alegría inesperada

ver otra: 17
se producirá una disputa familiar

verla en discordia: 48
recibirá una ofensa y se hablará mal de usted

Fantasma *de un difunto:* 31
vivirá una vida longeva y feliz

incoloro y desconocido: 25
recibirá alegrías y consuelo; su salud mejorará

negro: 2
morirá un familiar

que habla: 35
escúchelo, le dará un consejo sabio

Farmacia *verla:* 14
hallará especialmente enojosa una reunión de amigos; cambie de ambiente

Faro *verlo:* 24
aunque en este momento la situación es difícil, en breve hallará la solución a sus problemas y preocupaciones

Fascinar *a alguien:* 7
se comporta con coquetería

ser fascinado por alguien: 34
sufrirá pérdidas económicas

Fecha *leerla:* 42
se producirá un acontecimiento inesperado

Ferrocarril *verlo:* 34
progresará en el ámbito laboral

viajar en él: 24
apresúrese, la situación no puede esperar

Fiesta *bailar en una:* 15
está muy enamorado y desea casarse

de baile: 28
en breve, un conocido se comprometerá o se casará

participar en una: 20
disfrutará de una inmensa alegría

Flechas

recibirlas: 34
deberá resolver cuestiones financieras y las consiguientes disputas entre parientes; debe tomar una decisión difícil, reflexione

Flores

arrancarlas: 30
no deje pasar una buena oportunidad

atarlas: 21
recibirá una gran alegría

cogerlas: 20
tendrá grandes ganancias

de cualquier clase o color, verlas: 40
su situación económica mejorará ostensiblemente

plantarlas: 12
tendrá honores y dinero

ver cómo se marchitan: 27
caerá enfermo

Forrar

algo: 35
es desleal, hipócrita y perezoso

Fotografiar

a alguien: 18
está viviendo un gran amor, no sea demasiado puntilloso, lo echaría todo a perder

dejarse fotografiar: 22
sea sincero consigo mismo, no sirve de nada engañarse

Frac *llevarlo:* 9
entrará a formar parte de la clase alta

Frambuesas *comerlas:* 34
vivirá una aventura feliz, pero de breve duración

Frente *alta y abierta:* 41
tiene una gran elocuencia

baja: 14
debe ser más valiente e imponer sus argumentos

herida: 23
alguien le perjudicará

tenerla de bronce, hierro o piedra: 35
alguien le odia

Fresas *comerlas:* 5
tendrá una oportunidad única, no la deje escapar

recolectarlas: 45
sufrirá un leve malestar

regalarlas: 3
acabó un gran amor, pero guarda de él un buen recuerdo

verlas: 31
se enamorará

Frío *sentir frío:* 4
está a punto de caer enfermo, vigile su salud

Fruta *comerla madura:* 5
pasará días felices con sus amigos

comerla verde: 4
sufrirá una enfermedad leve

comprarla: 18
alguien quiere engañarle

en el árbol: 17
se le presentarán inmejorables oportunidades en el campo laboral

regalarla: 3
ganará un premio en la lotería

verla: 20
vivirá un periodo de abundancia

Fuego

apagarlo: 35
deberá modificar sus planes

con humo: 21
está cometiendo un gran error

encender uno grande: 14
vivirá un gran bienestar

encender uno pequeño: 8
su situación financiera será discreta, así como su vida y su felicidad

encenderlo: 7
se prevé un acontecimiento muy importante; tiene una personalidad muy fuerte y fascinante

quemarse uno mismo: 37
caerá enfermo

Fuente

beber su agua: 9
se curará rápidamente

verla: 40
concluirá óptimos negocios; alegría

Fumar

en pipa: 7
es una persona mediocre que sólo atiende a la apariencia de las cosas

tabaco negro: 21
deberá superar obstáculos; disputas

un cigarrillo: 36
vivirá una aventura sentimental

un puro: 39
disfrutará con los placeres y las ganancias

ver humo: 34
su felicidad es sólo aparente

Funda de almohada

verla: 41
si aún no está casado, hay boda a la vista

Fundir

algo: 24
alegrías en la familia

Funeral

asistir a uno: 16
está en peligro

seguir el propio: 13
su futuro será afortunado en todos los campos

Fusil

usarlo: 22
si tiene sospechas sobre la persona amada, sea menos celoso, no tiene motivo para ello

Fusilar

a alguien: 11
un enemigo no le deja en paz y quiere perjudicarle

ser fusilado: 9
vive un gran amor, pero sin futuro

ver disparar: 22
sentirá un ligero malestar

Gafas　　*comprarlas: 18*
　　　　　　debe ser más atento y prudente

　　　　　　romperlas: 21
　　　　　　será perjudicado

Galería　*de arte: 15*
　　　　　　su vida será agradable, pero vacía

　　　　　　en una mina: 39
　　　　　　acumulará grandes riquezas

Galletas　*comerlas: 12*
　　　　　　es optimista, pero muy goloso

Gallina　*blanca: 8*
　　　　　　es un buen momento para tener hijos

　　　　　　de color: 17
　　　　　　tiene una amiga desleal

　　　　　　que escarba en el corral: 31
　　　　　　tendrá una vida agitada

Gallinero *hallarse en él:* 6
las habladurías podrían perturbar el ambiente familiar

hallarse en él rodeado de gallinas que revolotean de modo anómalo: 5
es demasiado impulsivo y podría cometer imprudencias

Gallo *capturarlo:* 19
tendrá discusiones y problemas

que canta: 8
tendrá suerte en los negocios

verlo poner huevos: 10
vivirá un suceso desagradable

Galopar 27
tendrá una carrera rápida y brillante

Gamba *capturarla:* 12
matrimonio; ganará mayor confianza en sí mismo

verla: 10
se apartará de falsos amigos; está muy confuso

Garfio *tenerlo:* 18
es una persona sin escrúpulos

usarlo: 3
es demasiado violento y posesivo

verlo: 30
sufrirá contratiempos y disgustos

Gato *acariciarlo:* 2
siente un amor ardiente

darle de comer: 4
traicionará a su pareja

matarlo: 34
se liberará de una persona desleal

oírlo maullar: 19
le sucederá algo desagradable

pelearse con un gato, arañarlo, morderlo: 41
cuidado con un ladrón o un ratero

ser mordido o arañado por uno: 42
tendrá un gran problema

ver un gato: 41
tiene un carácter demasiado agresivo; está corriendo peligro

ver uno negro: 17
perfidia, traición oculta tras buenas palabras

Gavilla

verlas en un campo: 10
tiene buena suerte, y vive una época agradable y favorable; es un sueño propicio; indica riquezas y felicidad

Gemelos

jugando: 42
su vida familiar es apacible

verlos: 36
tendrá una sorpresa agradable

Genciana

verla, cogerla: 10
una persona vengativa se aprovechará de usted

General

a caballo: 40
hará una conquista

serlo: 12
si lo sueña un militar, tendrá una carrera brillante, éxito; si lo sueña otra persona, está corriendo un grave peligro

verlo: 49
recibirá la visita de una personalidad; tendrá honores y reconocimiento

Genitales

verlos: 21
sentirá grandes placeres; nacimiento de una hija

Gente

que se acerca: 15
alguien propaga rumores sobre usted

ver mucha: 30
se peleará con alguien y le ocurrirá una pequeña desgracia

vestida de negro: 9
morirá alguien en la familia

Gigante

en el umbral de casa: 41
tendrá suerte y derrotará a un adversario

ser perseguido por él y sentir miedo: 44
se realizará una de sus ambiciones

verlo de lejos: 16
recibirá una herencia

Gimnasia

hacerla: 17
pronto hará un viaje afortunado

Gitanos

en la puerta de casa: 44
alguien abusará de su confianza y credulidad

verlos por la calle: 32
tendrá suerte

Globo aerostático	*verlo: 41* su trabajo será coronado por el éxito, aunque deberá afrontar nuevas responsabilidades
Golondrinas	*en el nido: 5* recibirá una alegría inesperada *oírlas gorjear: 9* recibirá una buena noticia *verlas volar: 45* presagio funesto si lo sueña una persona joven; llanto y melancolía
Golpear	*algo con un objeto contundente: 8* desgracia en los negocios; debe actuar con decisión *a alguien: 10* cuando quiere alcanzar un objetivo, no repara en escrúpulos; es insensible *ser golpeado: 21* sufrirá pérdidas financieras
Gorriones	*atraparlos: 41* ocurrirá un suceso inesperado *oírlos: 17* alguien extiende rumores sobre usted *ver gorriones: 45* fracasará un asunto que había planeado; sea más concreto y conciso *ver un gran grupo: 17* tendrá mala suerte y contratiempos *verlos volar: 31* le harán promesas que no se realizarán

Granizo
si entra por la ventana: 33
tendrá discusiones y disputas familiares

verlo caer: 9
correrá peligro

Grano de uva
5
tendrá muchos o muchas amantes

Grasa
comerla: 20
caerá enfermo

verse más gordo: 24
disfrutará de bienestar, pero puede padecer algunos trastornos

Grillo
oírlo: 6
tiene muchos amigos y no trabaja

Gritar
de forma angustiosa: 12
recibirá una mala noticia

oír gritar: 21
será difamado

sin emitir sonidos: 41
tiene miedo y se siente muy inseguro, tranquilícese, no corre ningún peligro

Grosellas
45
tras muchas penalidades, tendrá suerte y conseguirá la felicidad

Guantes
2
disfrutará con el placer físico; recibirá grandes satisfacciones

Guardia
llamarlo: 3
es leal y la gente confía en usted

ser arrestado por él: 43
vivirá una vida tranquila y segura

verlo: 32
hallará obstáculos en su camino, pero con método y paciencia logrará superarlos

Guerra
hallarse en medio de una: 21
disputas familiares y pérdida de su afecto

Guillotina
ser guillotinado: 39
perderá a un hijo

verla: 40
tendrá honores y reconocimientos

Guisantes
cogerlos: 38
suerte en el trabajo, pero aumento de las tribulaciones

comerlos: 14
contratiempos; le molestará una persona enojosa y vana

plantarlos: 12
suerte en el campo familiar

Gusano de seda
verlo: 28
empezará a trabajar; ganará mucho dinero

Gusanos
eliminarlos: 33
superará una enfermedad; derrotará a un enemigo acérrimo

verlos: 41
se precipita con frecuencia y acabará pagándolo

Habladurías	*oírlas:* 40 cambiará de casa o país *propagarlas:* 7 no se está comportando de manera leal y perderá a un buen amigo
Hablar	*con alguien:* 15 recibe amor y respeto *con animales:* 41 está preocupado y triste *en voz alta:* 35 nadie le tiene en consideración y esto le martiriza *oír hablar:* 28 recibirá una invitación para asistir a una fiesta
Hacha	*astillar árboles o leña:* 28 aumentará su bienestar de manera continuada *derribar algo con ella:* 37 sacará provecho y alegrías de su trabajo; es muy agresivo y pasional

sostenerla en la mano: 48
tendrá problemas graves, es un presagio funesto

usarla: 7
cuidado con un peligro inminente

verla: 7
se anuncian guerras, desórdenes y revueltas cruentas

Hambre

tenerla: 19
hará esfuerzos inútiles

saciarla: 31
usted y su familia vivirán un periodo de gran prosperidad y abundancia

Harina

amasarla: 33
gracias a usted, todo va bien en su familia

pasarla por el cedazo: 14
en los próximos días, vivirá un suceso inesperado

Haya

verla: 31
un amigo fiel siempre estará a su lado

Helado

comérselo: 12
sentirá una gran tristeza, y se hallará solo; se separará de la persona a la que ama

Heno

tumbarse: 19
su vida será serena y feliz

verlo: 42
se le prometen abundancia y prosperidad

Heredero *otorgar en herencia:* 41
se liberará de una situación embarazosa

soñar que se recibe una herencia: 9
perderá mucho dinero

Herir *a alguien:* 22
provocará un disgusto a alguien

ser herido en alguna parte del cuerpo: 31
padecerá molestias, disgustos o problemas

ser herido en el corazón o en el pecho: 38
está enamorado; si lo sueña un anciano, significa melancolía

ver una herida abierta: 3
si cauteriza pronto, los problemas y peligros durarán poco; en caso contrario, las situaciones desagradables aún se prolongarán durante un tiempo

Hermano *disputar con él:* 17
le espera una situación desagradable

tener tratos con él: 12
sentirá un gran disgusto

verlo: 40
su familia recibirá una gran alegría

verlo morir: 8
vivirá una vida larga y feliz

Herradura *encontrar la de un caballo:* 3
hará un viaje seguro y feliz

Herrero *serlo:* 34
se prevén sucesos desagradables; disputará con alguien; debe ser más condescendiente; si está a punto de casarse, tendrá un matrimonio feliz

Hervir
ver hervir algo: 28
un suceso imprevisto cambiará su vida

Hiedra
confeccionar una guirnalda: 22
morirá un allegado

plantarla: 2
recibirá ayuda de una persona para fundar las bases de una sólida amistad

recibir una maceta, coger una rama o sostenerla: 35
tiene una amistad fiel y duradera

Hielo
caminar por encima y perder el equilibrio: 2
si este sueño se produce en invierno, no tiene ningún significado en especial; de no ser así, indica buena suerte

caminar rápidamente por encima: 39
se arriesga mucho en sus asuntos, sea más prudente

hundirse en él: 45
sentirá un gran miedo

Hierba
cortarla: 33
su situación financiera mejorará

estar tumbado: 31
inicio de un periodo particularmente feliz

seca: 13
es débil, peligro de enfermedades leves

ver un prado verde: 11
sus consejos serán beneficiosos para alguien; guárdese de una persona desleal

Hierro
golpear hierro candente: 9
se verá envuelto en contiendas y disputas

verlo fundir: 19
prometerá fidelidad eterna, su matrimonio será muy feliz

venderlo: 31
desgracia y grave pérdida económica

Hijos

soñar que se tienen: 41
deberá afrontar disputas familiares

tener un hijo ilegítimo: 12
las habladurías le harán sufrir

ver a los propios hijos: 25
está muy preocupado por una situación que no sabe cómo resolver

ver cómo nuestro hijo se vuelve niño: 11
vivirá un periodo de gran bienestar

Hilo

enrollarlo: 33
una actividad pierde gas; cuidado con la avaricia, le hará infeliz

tenerlo entre las manos enrollado: 40
deberá realizar un gran esfuerzo para salir de una situación difícil

Himno

cantarlo o escucharlo: 10
pasará un periodo difícil con dificultades en todos los campos

Hipnotizar

a alguien: 6
ganará sensatez y experiencia

ser hipnotizado: 6
alguien le enseñará a salirse con la suya en la vida

Hipo
tenerlo: 5
será ultrajado

Hoguera
verla: 24
es un descarado, lo que le hace impopular

verse uno mismo en ella: 14
sea más reflexivo o podría cometer errores de los que se arrepentirá toda la vida

Hojas
verlas secas y caer de los árboles: 49
vivirá una desgracia, luto familiar

verlas verdes en los árboles: 42
tiene muchas esperanzas; recibirá una alegría

Hombre
tener un hombre muerto en los brazos: 48
tendrá un hijo varón

ver muchos, desfilando: 5
iniciará una empresa loca y sin esperanza

ver uno: 41
si lo sueña una mujer y el hombre muestra actitud afectuosa, su deseo de protección y seguridad se cumplirá

ver uno desconocido: 6
vivirá aventuras fáciles

Hombros
anchos y esbeltos: 41
buena suerte, felicidad, salud

heridos o doloridos: 17
puede sufrir alguna desgracia, enfermedad o la muerte de allegados

muy desarrollados: 33
deberá afrontar litigios y trastornos familiares

Homicidio *cometerlo: 28*
corre un peligro mortal

verlo cometer por otros: 7
sus asuntos pasan por un momento óptimo; riqueza y felicidad

Honda *usarla: 38*
deberá protegerse de una situación desagradable

verla: 9
le rodean personas pérfidas y desleales

Hongos *verlos, cogerlos, comerlos: 43*
su carrera estará llena de complicaciones y obstáculos, pero al final será recompensado, sea perseverante

Honores *rendidos o recibidos: 33*
es una persona recelosa y no muy leal

Hormigas *aladas, verlas: 8*
no es un buen momento para viajar, sería desgraciado y le conduciría al desastre

aplastarlas involuntariamente: 6
tendrá grandes preocupaciones

aplastarlas voluntariamente: 22
es una persona sin escrúpulos y lleva las de ganar

estar tumbado sobre un hormiguero: 18
correrá un peligro extremo; preste más atención de lo habitual a todo lo que haga

verlas: 7
disfrutará de abundancia y suerte en los negocios

Horno   *calentarlo:* 19
llevará a cabo una empresa ya iniciada

usarlo: 7
llevará a cabo un trabajo fatigoso

verlo: 40
logrará resolver una situación que le preocupa

Hospital   *estar con otros enfermos en él:* 24
enfermedad grave; debería tratarse de un probable agotamiento nervioso

hallarse en él: 33
controle su salud, pero no se preocupe demasiado, podría ser un caso típico de «enfermo imaginario»

Hostia   *verla, comerla:* 34
se encuentra en paz; cree en Dios

Hotel   *en lugares desconocidos:* 36
su vida tomará un giro decisivo

si circulan personas desconocidas y sin rostro: 13
preste más atención a las personas que le rodean

Hoz   *usarla:* 7
afrontará múltiples dificultades con valentía y resolución, y las superará

verla: 45
antes de seis meses sufrirá un perjuicio; mala suerte y pérdidas financieras

Hucha   *romperla:* 21
deberá afrontar un gasto considerable

verla, llenarla: 5
recibirá ganancias modestas y regulares; disfrutará de una merecida tranquilidad económica

Huérfano *serlo: 46*
se siente abandonado por todos, melancolía y tristeza, debe pensar más en los demás y su situación mejorará

verlo: 18
ayudará a una persona que lo necesita

Huerto *florido y cuidado: 32*
un enemigo poderoso trata de perjudicar sus iniciativas en el campo laboral; mala suerte, pero puede intentar evitarla si se lo propone

Huesos *roerlos con placer: 17*
miseria inminente; sea más concreto y trabajador, y no se arredre en la desgracia

verlos apilados: 41
sus desvelos no se verán recompensados

Huevos *comerlos: 10*
conseguirá leves ventajas, pero surgirán nuevos problemas graves

ver un cesto: 24
disfrutará de abundancia y bienestar familiar; realizará una aspiración secreta

ver un cesto con huevos rotos: 33
discutirá con miembros de su familia

Huir *de alguien: 2*
tendrá suerte en el amor y las relaciones sociales;

Hundirse realizará sus aspiraciones y será afortunado
en el agua: 45
será humillado por una persona prepotente

en el barro: 5
sentirá vergüenza por una acción ilícita y discutible

Huracán *hallarse en medio de uno:* 36
estará implicado en un accidente, pero sin perjuicio físico

verlo: 28
deberá afrontar una grave disputa familiar; está atravesando un momento de crisis e incomprensión

Hurto *cometerlo:* 11
está en peligro; será víctima de engaños y fracasará

descubrirlo: 28
recuperará los bienes perdidos

Ídolo

serlo: 18
no aspire a cosas imposibles; debe ser razonable; siente un intenso complejo de inferioridad

soñar con él: 18
padecerá una desgracia

Iglesia

escapar de ella: 2
sufre porque le ha engañado una persona innoble

hallarse dentro de una: 35
tranquilidad; será consolado de una desilusión anterior

oír a gente cantando: 28
se cumplirá un deseo y hallará la felicidad

ser expulsado: 13
está superando un trance difícil, no se desanime; el futuro será más halagüeño

verla destruida o en llamas: 12
deberá soportar una grave desgracia y tristeza

Iluminación

repentina, de antorchas, velas o bombillas: 20
es alegre y simpático; se verá inmerso en una pasión nueva y repentina

Impedir	*algo:* 16 evitará una desgracia o un atentado
Impermeable	*ponérselo:* 40 se hallará en una situación difícil, pero logrará salir airoso
Imprimir	*ver a alguien:* 3 habla demasiado, pronto, muchos conocerán su secreto
Impuestos	*pagarlos:* 10 es una persona digna de estima, pero deberá afrontar momentos difíciles
Inaugurar	*algo:* 6 emprenderá una nueva empresa
Incendio	*provocarlo:* 8 se ve amenazado por la adversidad y la ruina
Incesto	8 padecerá graves problemas familiares
Inclinarse	*ante alguien:* 7 ocupará un puesto de importancia secundaria *recibir una reverencia:* 33 recibirá honores *ver una reverencia:* 41 tendrá fama y fortuna

Infidelidad 42
su matrimonio es feliz; vive un amor fiel y absoluto

Infierno *estar en el umbral de él:* 10
debe afrontar molestias y riñas

hallarse en él: 10
la situación empeorará momentáneamente

salir de él: 41
por fin se ha librado de un peligro

verlo: 3
su vida experimentará un gran cambio

Insectos *estar rodeado de ellos:* 11
tendrá preocupaciones y molestias

ser picado por ellos: 28
se deja engañar, es un ingenuo

verlos: 11
sufrirá una pequeña pérdida financiera

Interrogar *a alguien:* 8
le controlan y espían continuamente

Intestinos *ser descuartizado:* 12
si los intestinos están sanos, tendrá mucha suerte; si no hay intestinos, desgracia, exilio, desastre filial, muerte; si lo sueña un enfermo, rápida curación

verlos enfermos: 38
puede sumirse en la pobreza o sufrir una leve enfermedad

verlos sanos: 45
disfrutará de salud, vigor y fuerza

Inundación	*con aguas transparentes y tranquilas: 39* adquirirá nuevos bienes *de nuestra casa: 13* habrá disputas familiares, en su casa no hay armonía
Inválido	*serlo: 17* pronto se retirará de su trabajo *verlo: 12* su salud física está amenazada
Inventar	*algo: 3* perderá mucho dinero
Invierno	*crudo: 34* si se va a casar, será desgraciado, tendrá un marido o mujer insensible e inconstante; si ya está casado, tendrá disgustos
Invitación	*cursarla: 28* participará en una fiesta *recibirla: 28* es ambicioso
Isla	*hallarse en una: 3* está muy solo; desea viajar y correr aventuras; se siente sexualmente insatisfecho

Jabalí	*ser perseguido por uno:* 39 tribulaciones, esterilidad y pobreza de frutos; se aconseja no realizar viajes
Jabón	*usarlo:* 28 aclarará una situación intrincada *ver su espuma:* 35 un amigo le resolverá un problema
Jacintos	*recibirlos:* 23 recibirá un regalo agradable
Jaguar	*verlo:* 16 sufrirá una desgracia, pero alguien le prestará su ayuda
Jamón	*comerlo:* 35 su actividad disminuirá; dificultades económicas
Jardín	*colgante:* 32 ha recibido una educación rigurosa; sea leal

desnudo: 3
se verá impotente ante los hechos; sufrirá disgustos

florido: 35
recibirá una agradable sorpresa

pasear por él: 48
su vida es muy feliz

ver un jardinero que trabaja en él: 27
gozará de riquezas y buena suerte

Jarro

verlo: 23
se comprometerá y se casará en breve

Jaspe

verlo: 2
trabaje con empeño hasta conseguir lo que se proponga

Jaula

con animales feroces: 25
neutralizará a un enemigo

con pájaros: 17
aparecerán problemas familiares

estar encerrado en ella: 22
deberá afrontar grandes obstáculos, alguien difundirá habladurías sobre usted

ver escapar animales encerrados en ella: 3
está en peligro, alguien quiere perjudicarle

Jazmín

perfume: 15
desea encontrarse con la persona amada

verlo: 40
periodo desagradable, pequeñas sorpresas

Jefe
ser el jefe: 1
tendrá muchos problemas que resolver

ver a un jefe militar: 48
vivirá una guerra

ver al propio jefe: 31
cambiará de posición y, por tanto, de superior

Jersey
comprarlo: 9
previene los problemas

regalarlo: 17
su independencia llegará gracias a una ayuda

de lana: 5
recibirá seguridad psicológica y económica

llevarlo puesto: 46
pronto se sentirá seguro

tejer uno: 11
trabaja para sentirse protegido

Jesús
verlo: 33
si se sacrifica generosamente, tendrá su recompensa

Jirafa
verla: 38
no abuse o se echará a perder

Jorobado
verlo: 8
recibirá prosperidad y un golpe de suerte inesperado por parte de su familia

verse uno mismo jorobado: 7
tendrá suerte

Joven
de sexo femenino: 4
tendrá problemas

de sexo masculino: 41
tendrá suerte

ver jóvenes: 41
sus hijos alcanzarán una buena posición

volverse: 12
es demasiado vanidoso y le criticarán por ello

Joyas

de ámbar o marfil: 41
si lo sueña una mujer, tendrá suerte; si lo sueña un hombre, desgracia

de oro y con piedras preciosas: 41
conseguirá riquezas y obsequios

llevarlas: 37
goza de una alta estima social

sin pedrería: 38
será engañado

verlas: 3
suerte, recibirá grandes dones, ojo con los aduladores

Judío

recibir un favor de él: 17
la suerte le favorecerá de un modo inesperado

tratar con uno: 41
le afectarán problemas que provocarán su enojo

verlo: 43
sus asuntos van bien, hará un viaje

Jugar

a cartas: 32
engañará a alguien

con juguetes: 42
se enamorará a primera vista; felicidad duradera

ver juguetes: 19
siente remordimientos

Jurar   *algo:* 27
deberá testificar en un juicio

oír jurar: 44
dominará a otras personas

ver un jurado: 4
perderá estima y honor

Juzgar   *ser juzgado por un juez enojado:* 4
será importunado

ser juzgado por un juez justo: 14
será severamente juzgado y su comportamiento recibirá reprobación

ser juzgado por un juez sobrenatural: 9
recibirá una ayuda inesperada en una controversia

Laberinto

lograr salir de él, tras muchos esfuerzos: 21
superará obstáculos laborales

no hallar la salida: 42
vivirá molestias y disgustos; tiene un carácter débil y suscita problemas inútiles

Labios

bonitos, sanos: 30
vive en una situación de bienestar y seguridad

cortados: 12
alguien le traiciona

pálidos: 11
es demasiado irascible

Laboratorio

químico: 14
tendrá dolores físicos y enfermedades

Ladrar

oír aullar y ladrar con fuerza: 41
tenga cuidado con los aduladores y los falsos amigos

oír ladrar: 48
debe conjurar un peligro inminente

oír ladrar a un perro rabioso y ser mordido por él: 21
tendrá que afrontar problemas y recibirá afrentas

Ladrón *detenerlo:* 41
se siente descontento e infeliz

ser robado: 21
perderá a un amigo

verlo: 30
vivirá una aventura sentimental

Lagartija *ver cómo atraviesa una carretera:* 10
un amigo quiere darle un consejo desinteresado

verla en el arcén de una carretera o sobre una rosa: 35
no se fíe de personas infieles que están urdiendo una trampa

Lago *hallarse en su orilla:* 31
si tiene aguas tranquilas y transparentes, suerte en los negocios; su mujer le será infiel

nadar en él: 29
está en peligro, desgracia

navegar por él: 6
hará un viaje afortunado; es muy feliz

Lágrimas *soñar que llora:* 34
vivirá una alegría inesperada

Lamer *ser lamido:* 12
le adulan

a alguien: 15
es demasiado sumiso y se deja manejar por todos

Lana
comprarla: 18
deberá afrontar dificultades, pero las superará con facilidad

tejerla: 9
alguien se burlará de usted

verla: 26
vivirá un descenso en su vida laboral

Lanza
arrojarla: 1
no se fíe de alguien que tiene cerca

verla: 38
está corriendo un peligro

Lápiz
verlo: 4
sus gastos no son muy elevados

Latón
11
poseerá un objeto que parecía muy valioso, pero que en realidad carece de valor

Laurel
guirnaldas: 19
recibirá un premio; tiene un temperamento artístico, pero poco altruista

hojas: 36
se casará con una persona rica

verlo: 8
tendrá honores, fama y riquezas

Lavanda
verla, olerla: 24
sentirá un gran dolor

Lavar

a otro: 17
debe ser más paciente con su familia

en agua limpia: 6
gozará de prosperidad y salud

en aguas termales: 31
disfrutará de salud y un periodo de ocio

lavarse uno mismo: 13
cosechará riquezas

Lazo

caer en él: 36
pronto se casará

verlo: 24
le engañarán

Lección

asistir a una: 22
su educación deja mucho que desear

impartirla a otros: 12
es exhibicionista y vanidoso, y esto le acarreará muchos enemigos

Leche

33
tendrá suerte, pero deberá cuidar su salud

beberla: 1
gasta mucho dinero inútilmente

comprarla: 18
recibirá alegrías y riquezas

de cabra: 33
sufrirá una enfermedad leve

dejar que rebose: 1
está rodeado de personas infieles

volcarla: 24
vivirá un año desafortunado

Lechuga *comerla:* 20
cuidado con la salud, puede sufrir alguna enfermedad leve

verla: 16
se ocupa en cosas inútiles y descuida las más importantes, protéjase

Lechuza *posada sobre una rama:* 2
algunas actividades financieras que ha emprendido se ralentizarán o se detendrán por completo

Leer *cartas:* 13
tiene buena suerte, aprovéchela

libros: 6
es un inmaduro

Legumbres *comerlas, verlas:* 19
será muy desgraciado

Lencería *en un armario:* 16
alcanzará el bienestar económico

sucia y expuesta: 18
perderá una causa judicial

tendida y por secar: 32
deberá afrontar habladurías y bulos sobre su persona

Lengua *con pelos:* 40
sufrirá una enfermedad; tendrá mala suerte

hinchada: 17
consulte al médico, comienzan a manifestarse los síntomas de una enfermedad

normal y sana: 41
su suerte no puede ser mejor

pegada al paladar y que impide hablar: 21
debe afrontar grandes obstáculos

verla: 26
se preocupa demasiado de los demás y a veces es un chismoso

Lentejas

cocerlas: 4
saldrá de una situación peligrosa

comerlas: 9
tendrá muchas preocupaciones de carácter financiero

Lentes

de aumento: 36
debe guardarse de gente que le quiere engañar

León

manso: 7
conocerá a una persona leal con la que trabará amistad

pelear con él y derrotarlo: 40
se saldrá con la suya frente a un enemigo peligroso

ser atacado por uno: 30
discutirá con la persona amada; es demasiado autoritario y siempre quiere imponer su opinión

Leopardo

verlo: 41
vaya con cuidado, está en peligro y sentirá mucho miedo

Letra de cambio   *firmar una:* 5
tiene dificultades en los negocios; trate de administrarse con más sensatez, es demasiado voluble

pagarla: 6
éxito en los negocios, a pesar de los problemas

Libro   *comérselo:* 20
si lo sueña un joven o un filósofo, buena suerte; en los demás casos, muerte prematura

comprarlo: 18
aprenderá de las novedades

leerlo: 8
tendrá honores y gloria

quemarlo: 13
perderá la amistad de una persona culta y sensata

Liebre   *comerla:* 33
se verá envuelto en discusiones y disputas

dispararle: 22
se llevará un chasco durante un viaje

verla: 33
debe aprovechar la ocasión, podría perderla

Liga   *rota:* 44
un vínculo sentimental que parecía eterno se romperá por una tontería

verla: 28
suerte en el amor; no se aproveche de una situación que se le presentará, porque acabaría volviéndose en su contra

Lima   *verla:* 19
es demasiado superficial y chapucero, debe trabajar mejor

Límites
marcarlos: 43
quiere aclarar sus ideas

verlos: 41
deberá superar algunos obstáculos

Limones
aplastarlos: 26
será víctima de un episodio desagradable

comerlos: 20
vivirá una experiencia amorosa amarga

verlos: 48
recibirá una buena noticia

Limosna
darla: 20
será muy feliz

recibirla: 13
recibirá una oferta de empleo adicional

Limpiar
algo: 28
es muy puntilloso y desea dejar bien clara su situación

ser limpiado: 14
se siente inferior y carece de confianza en sí mismo

Linterna mágica
verla: 36
alguien le está engañando

Lisiado
serlo: 10
deberá superar muchas dificultades, pero recibirá la ayuda de un amigo

verlo: 36
sus amigos nunca le darán la espalda

Llamar   *a una persona: 3*
              le ocurrirá una desgracia

              a uno mismo: 11
              cuidado, se encuentra frente a un grave peligro

Llamar a la puerta   *oír que llaman: 9*
              recibirá una noticia agradable inesperada

              personalmente: 4
              recibirá una noticia triste y desconcertante

Llanura   *verla: 9*
              superará los obstáculos con gran facilidad

              vivir en ella: 9
              su vida transcurrirá feliz y sin preocupaciones; es muy perezoso

Llaves   *encontrarlas: 4*
              saldrá airoso de una situación embarazosa

              perderlas: 34
              tendrá problemas familiares

              verlas: 21
              si se quiere casar, tendrá mucha suerte; es mejor postergar un viaje que sería funesto en estos momentos

Llorar   *de alegría: 48*
              vivirá un periodo de tranquilidad, sin preocupaciones ni angustias

              por un difunto o por un motivo muy serio: 16
              alegría y satisfacción por haber alcanzado una meta importante

por una minucia: 3
sentirá tristeza y auténtico dolor

ver llorar a alguien: 16
cometerá un error respecto a una persona muy querida

Lluvia

con sol: 41
se prevé una mejoría de su situación

intensa: 39
deberá superar molestias, dificultades y preocupaciones

sumamente violenta: 41
grandes problemas y dolores; peligro de accidente

tenue: 12
no es un buen momento para los negocios, sus ganancias son escasas

verla: 7
si está preparando un viaje, postérguelo

Lobos

oírlos aullar: 17
la situación es peligrosa y desagradable

ser asaltado por ellos: 1
los problemas con sus rivales le harán sufrir

verlos: 7
se anuncian tiempos preñados de dificultades

Loco

estarlo: 41
tendrá mucha suerte

verlo: 22
la vida le deparará numerosas sorpresas

Locomotora

que descarrila: 35
espere momentos mejores, actualmente la mala suerte y la desgracia dominan su entorno

verla: 9
siente un gran deseo de viajar; vivirá una pasión repentina

Lombriz

verla: 12
es honesto y no se deja manipular por personas desleales y sin escrúpulos

Lucha

con un amigo o pariente: 39
le odia y pronto se peleará con él

con un desconocido: 9
puede encontrarse en peligro debido a una enfermedad

con un niño: 9
si gana el niño, enfermedades; si gana el soñante, luto familiar

con una persona muerta hace tiempo: 33
disputas familiares con los parientes de una persona muerta hace tiempo

salir victorioso de una: 44
disfrute de su buena suerte

Luciérnagas

verlas: 33
recibirá una señal de amor, pero no debe hacerse demasiadas ilusiones, es algo pasajero

Luna

hallarse en ella: 6
sufrirá disgustos y enfermedades; cobija deseos que, de puro irrealizables, le hacen sentir infeliz

llena: 31
disfrutará de felicidad en el amor; cosechará nuevas riquezas gracias a una mujer

ver la propia imagen reflejada en ella: 11
tendrá un hijo

Luto

llevarlo: 9
tiene buena suerte, es un buen presagio

Luz

verse inundado por una luz repentina e intensa: 44
vive ilusiones efímeras

Macarrones	*comerlos: 3* se avecinan tiempos de prosperidad y abundancia *comerlos en compañía: 11* reconciliación familiar
Maceta	*romperla: 12* tendrá disgustos y contratiempos familiares *ver una llena de flores: 10* pronto recibirá una noticia estupenda; es amado
Macetas	*verlas: 2* recibirá un regalo
Madera	*carcomida: 27* amigos desleales le llevarán al desastre *tocarla o transportar objetos de madera: 24* gracias a sus amistades influyentes, realizará sus proyectos
Madrastra	*recibir una ofensa de ella: 26* deberá superar obstáculos y contratiempos

verla: 9
hará un viaje

verla amable y cordial: 33
se hace vanas ilusiones; desamor por parte de alguien

Madre

verla: 3
se halla en una situación segura y protegida, aunque desearía recibir más afecto de su pareja

verla morir: 23
vivirá muchos años

verla muerta: 47
vivirá muchos años; si le habla, crea en lo que le diga

Maestro

de baile: 29
tendrá suerte en el amor

de esgrima: 23
se verá involucrado en algunas disputas

de idiomas: 7
próximo viaje a un país remoto

de música: 20
triunfará en el campo artístico

de primaria: 1
aún tiene mucho que aprender

Mago

verlo: 24
sus asuntos pasan por un momento óptimo, pero alguien podría engañarle

Magulladuras

recibirlas: 31
debe ser más tranquilo, en caso contrario lo pagará

Maleta
verla: 3
pronto realizará un viaje agradable

Maletas
verlas: 28
viajará de forma inminente

Mamas
verlas: 28
gozará de suerte y bienestar

verlas llenas de leche: 11
tendrá salud, riqueza y progresará en el trabajo

Manada
de bueyes: 1
le esperan suerte y abundancia

de caballos: 27
realizará grandes progresos laborales

estar en medio de una: 9
es irreflexivo e impulsivo; pondere sus acciones

mirarla: 7
es un avaro

Manchas
de aceite en el suelo: 27
se ha convertido en fuente de chismes

de sangre en una pared: 5
recibirá malas noticias de personas cercanas

en la cara: 8
caerá enfermo

en la ropa: 37
se verá envuelto en disputas familiares

Mandarina
comerla: 44
se halla en un momento de plenitud y riqueza

Mandíbula	*verla:* 26 tendrá larga vida
Manos	*blancas, muy claras:* 9 tiende a la coquetería
	bonitas, fuertes: 10 llevará a buen puerto asuntos importantes
	doloridas: 21 se presentan momentos de llanto y dolor
	perder la derecha: 7 pérdida de un hijo, del padre o de un gran amigo
	perder la izquierda: 7 perderá a su mujer, a su hermana o a una amiga muy querida
	sangrando: 9 separación, pérdida de amigos
	sucias: 39 es un ladrón desleal
Manta	*verla:* 11 cobija un deseo insatisfecho
Mantequilla	*comerla:* 15 se peleará con un amigo
	comprarla: 37 es muy generoso
	verla: 31 tendrá éxito y una vida sin problemas
Manzanas	*cogerlas:* 45 tendrá grandes alegrías

comer manzanas jugosas y sabrosas: 2
salud y bienestar, felicidad en el amor

comerlas verdes: 5
disputas y resentimiento

cortarlas: 46
separación de alguien o algo querido

pelarlas: 5
un deseo ardiente se verá defraudado

verlas en el árbol: 2
amistades sinceras

verlas podridas: 17
llegan momentos de peligro y decepciones

Manzanilla

beberla: 33
será víctima de una enfermedad leve

Mapa

geográfico: 39
saldrá de viaje

Maquillarse

hacerlo: 8
debe cuidarse más; enfermedad leve

ver a alguien: 7
se dejará engañar por personas desleales

Máquina

antigua: 7
disfrutará de prosperidad y riqueza

de coser: 17
resolverá rápidamente un problema

de escribir: 33
se reconciliará con alguien

Mar *agitado: 4*
deje que los sentimientos se impongan a la razón; su vida será tempestuosa

caminar sobre las aguas: 36
su matrimonio es feliz

navegar por él: 6
conocerá países extranjeros; es muy temerario

tranquilo: 1
serenidad y éxito presiden sus negocios

Marcharse *en avión: 15*
vivirá temporalmente en soledad

en barco: 38
tendrá problemas con una mujer

verse marchar: 19
tiene un deseo insatisfecho de destacar, pero es miedoso y ante el peligro huye sin mirar atrás; vivirá desilusiones y tristezas si no modifica su actitud

Marfil *soñar con objetos de marfil: 24*
su situación es de riqueza y holgura

Marido *tenerlo: 17*
si el marido con el que sueña no es el suyo, cometerá traición

verlo: 6
si aún no se ha casado, no lo hará en breve; si desea contraer matrimonio, por el momento sus esperanzas se verán defraudadas

Mariposa *perseguirla y capturarla: 11*
vivirá un romance inesperado, pero de poca duración; sea más constante

Mármol

verlo: 3
hombres duros y sin corazón le afligirán

Martillo

ser golpeado con uno: 38
recibirá peticiones insistentes de dinero

utilizarlo: 13
disfrutará momentos de sensualidad y pasión ardiente

verlo: 29
está preocupado, la situación es desagradable

Masajear

a alguien: 41
alcanzará una posición más bien discreta; es amable y considerado

ser masajeado: 25
tiene pequeñas preocupaciones

Máscara

ver a alguien que la lleva: 44
cuidado, alguien le quiere engañar

verla: 19
le traicionarán

Masturbarse

verse: 6
tendrá pérdidas financieras; se siente infeliz e insatisfecho

Matar

animales: 34
se presentará una gran desgracia; presagio funesto

ser asesinado: 30
tendrá suerte; buenos augurios

un animal: 42
está en peligro

a una mujer: 32
se halla en un aprieto económico, tiene miedo

por celos: 19
alguien le ama y probablemente se casará

en legítima defensa: 13
debe ponerse en guardia contra los falsos amigos

Matarife
serlo: 17
sus problemas se acabarán

verlo: 12
será ofendido e injuriado

Matorral
con frutos: 13
sabe disfrutar de la vida y siempre busca el lado bueno y agradable de las cosas

espinoso: 8
es pesimista

rodearlo: 14
busca la forma más fácil de salir de un problema

saltarlo: 10
se toma la vida muy en serio

verlo: 29
superará un obstáculo

Matrimonio
con una persona desconocida o sin rostro: 33
es mejor que abandone los nuevos proyectos y se concentre en su actividad pasada

participar en uno: 36
se casará de forma inminente o tendrá satisfacciones en el campo familiar

ver a la propia pareja casada con otro: 13
se separará o cambiará de actividad

ver el propio: 36
si lo sueña un enfermo, muerte; si acaba de iniciar una nueva actividad, tendrá mucha suerte; en todos los demás casos, problemas, turbaciones o felicidad efímera

ver cómo se casa con otra persona: 29
divorcio del cónyuge, o muerte del mismo

Medalla

imponerla: 33
recibirá honores y reconocimientos

recibirla: 4
es muy vanidoso y egocéntrico

Media luna

creciente: 35
cada vez está más enamorado

menguante: 26
su amor se está enfriando

Medias

con una carrera: 41
tiene problemas económicos; sea más ahorrador

quitárselas: 45
si se libera de prejuicios, vivirá mucho más sereno y feliz

verlas: 8
tiene demasiados prejuicios sobre personas y cosas

Medicina

comprarla: 18
tendrá una pequeña pérdida financiera

tomarla: 43
vivirá un altercado familiar

Médico *ser asistido en nuestra propia cama por uno: 22*
padecerá una leve indisposición

si hace tomar un medicamento a un tercero: 3
disfrutará de alegrías y prosperidad en el ámbito laboral

si nos hace tomar una medicina: 35
se avecinan disgustos

Mejillas *hundidas y rugosas: 46*
predice melancolía y llanto

maquilladas: 8
se hallará en una situación embarazosa

tenerlas blandas y mofletudas: 3
tendrá una gran alegría

Melones *comerlos: 5*
se preocupa por tonterías

comprarlos: 18
es un ingenuo y no sabe distinguir a los amigos leales de los que no lo son

verlos: 31
se hace vanas ilusiones; sea más concreto

verlos en gran cantidad: 10
se halla en un momento de mediocridad laboral

Mendigo *darle dinero y reprenderle a gritos: 40*
una buena acción recibirá recompensa

serlo: 17
perderá una causa judicial; tiene poca seguridad en sí mismo, sea más independiente

ver a uno que llama a la puerta: 41
disfrutará de riqueza y tranquilidad económica

Menestra

comerla: 6
vive una mala época, pero mejorará

salada: 5
se halla en un periodo lleno de disgustos y decepciones

Mercado

encontrarse con un conocido: 1
será el centro de habladurías

verlo en plena actividad: 14
sufrirá una pérdida de dinero

verlo poco frecuentado: 41
si trabaja en el comercio, tendrá suerte

Mesa

sentarse a mesa puesta: 33
alguien propaga bulos sobre usted

Meteorito

verlo: 44
es imaginativo y posee un gran gusto artístico; vivirá una gran alegría, pero efímera

Microscopio

usarlo: 19
es demasiado puntilloso; se enfada por pequeñeces insignificantes

Miedo

sentirlo: 41
controle su estado de salud, el sistema cardiovascular no está en buenas condiciones; mal presagio

Miel

ingerirla: 8
vive un amor feliz

verla: 7
vive un periodo de abundancia y riqueza

Mijo *comerlo:* 20
vivirá en la pobreza; periodo de penuria; modestas condiciones económicas

verlo: 33
la suerte se presentará de manera inesperada

Milagro *verlo:* 17
alguien le está tomando el pelo

Mina *de carbón:* 35
se casará con una viuda rica

de oro: 24
vive en la opulencia y la abundancia; cerrará buenos negocios

hallarse en una: 21
tendrá suerte y riqueza

trabajar en una: 27
tiene un trabajo duro, pero alcanzará bienestar

verla: 35
su suerte es inminente; aumentan sus bienes

Misa *oírla:* 26
periodo de tranquilidad y suerte; es un buen presagio

Misionero *verlo:* 34
le harán un regalo que no espera

Mochuelo *si entra en casa:* 13
se mudará; abandonará la casa en la que ahora vive

verlo: 8
se liberará de miedos infundados; si quiere salir de viaje, le robarán y vivirá desgracias

Moda

ver un desfile: 36
alguien se enamorará de usted, hará conquistas en el campo sentimental

Mofarse

de alguien: 35
vivirá días felices

ser objeto de mofa: 2
sufrirá una humillación

Moler

café: 23
es una persona muy pasional; aventura amorosa

pimienta: 5
recibirá una noticia desagradable

trigo: 27
tendrá grandes ganancias

Molino

de viento (con las aspas girando): 15
el trabajo no le pesa

de viento (con las aspas quietas): 17
su pereza le acarreará no pocos inconvenientes

verlo: 42
llega la buena suerte

Momia

verla, hablarle: 8
riñas violentas y desagradables que prefería evitar

Monedas *de cobre: 26*
sufrirá pérdidas; tendrá disgustos

de oro: 25
disfrutará de riqueza, prosperidad

de plata: 32
obtendrá ganancias

falsas: 37
le han engañado vilmente

gastarlas: 26
sufrirá molestias y contratiempos

Monedero *abrirlo: 33*
quiere hacer partícipe a los demás de sus pensamientos

cerrarlo: 13
es reservado

verlo: 39
alguien le revelará un secreto que hacía tiempo que deseaba conocer

Monja *serlo: 4*
tiene mucha fe

verla: 33
recibirá consuelo y comprensión en un apuro

Monje *serlo: 43*
valora la modestia y el sacrificio; vivirá pequeños goces sinceros

verlo: 37
desea serenidad; la situación actual no le agrada

Mono

irritarle: 3
sin darse cuenta ha provocado un gran dolor a alguien

matarlo: 34
tendrá las de ganar con respecto a un enemigo peligroso

ser mordido por uno: 31
si lo sueña una persona joven, inicio de un nuevo amor; si lo sueña una persona anciana, enfermedad

si nos burlamos de él: 1
personas enemigas tratan de perjudicarle con astucia

verlo: 11
alguien le quiere perjudicar o engañar

Monstruo

verlo: 13
ya sea humano o animal, se trata en cualquier caso de un presagio nefasto, no logrará realizar sus deseos y proyectos

Montaña

subirla: 25
tendrá una mejora financiera óptima aunque costosa

Monumento

ver el propio: 33
es egocéntrico, pero recibirá honores

verlo: 3
se preocupa y afana inútilmente

Moras

comerlas recién cogidas: 5
tendrá placeres en abundancia; le gusta coquetear y resulta fascinante

Morder *38*
tendrá suerte

a alguien: 24
es muy agresivo y se siente atrapado en un ardid que le han tendido personas desleales

ser mordido por un animal: 31
desgracia, luto; guárdese las espaldas, alguien quiere engañarle

ser mordido por una persona: 27
alguien le odia y tratará de perjudicarle

Morir *41*
vivirá muchos años; posible matrimonio

de hambre: 7
tiene pocos amigos verdaderos

ver morir a alguien: 7
recibirá una buena noticia

Moscas *zumbando: 26*
sufrirá disgustos a causa de habladurías diversas

Mosquito *serlo: 30*
tiene un carácter molesto, trate de cambiarlo

verlo y ser picado: 44
guárdese de gente que le quiere engañar

Motor *verlo: 34*
cerrará buenos negocios, todo irá bien en su trabajo

Mozo de carga *verlo: 21*
se hallará en graves aprietos, pero un amigo le brindará su ayuda

Muchacho   *que baila: 11*
su amor es feliz desde todos los puntos de vista

ver a una muchacha: 34
si es bonita, gastará mucho dinero; si la besa, recibirá una sorpresa muy agradable; si llora, su mujer le traiciona

volverse muchacho: 7
se halla en una situación desagradable en el campo sentimental y desea superarla, no se duerma, debe dar el primer paso para salir de ella

Muchedumbre   *hallarse en medio de una: 30*
es colérico; discutirá con alguien

Muebles   *comprarlos: 31*
comprará una nueva casa

ver cómo se los llevan de casa: 27
cambio de vida

verlos bonitos y brillantes: 8
su mente es ordenada y lúcida

Muerto   *ser perseguido por la muerte en persona: 36*
su matrimonio será feliz

si le habla: 41
buena suerte; escuche lo que le aconseje

si se muestra hostil: 10
llegan desastres y engaños

verlo, pero no hablarle: 3
periodo de alegrías y buena suerte

Muguete   *recibirlo o verlo: 37*
recibirá un regalo de la persona amada

Mujer *amenazante:* 5
tendrá grandes disgustos y discusiones

que se parece a nuestra madre: 22
se comprometerá y casará en breve

tener una mujer muerta en los brazos: 6
tendrá una niña

verla junto a uno: 24
si lo sueña un hombre, tendrá una enfermedad grave;
si lo sueña una mujer, tendrá un hijo varón

Muletas *andar con ellas:* 10
se producirá una notable mejoría laboral; óptimas
ganancias y confianza en el futuro

romperlas: 21
al final la suerte le sonreirá

verlas: 6
necesita el apoyo de personas amigas, es muy inseguro

Mulo *cargado:* 40
buena suerte; recibirá muchos regalos

montarlo: 30
deberá ultimar un asunto de manera lenta y esforzada;
viaje fastidioso

verlo: 7
problemas financieros

Multa *recibirla:* 44
enfermedad; tiene una cuenta pendiente

Muñeca *jugar con ella:* 31
está disfrutando un placer efímero

verla rota: 20
perderá dinero

Murciélago *capturarlo:* 33
discutirá con alguien

verlo: 49
su actividad disminuirá; postergue un viaje si lo había programado

verlo volar en casa: 45
surgirán disgustos que le sumirán en una profunda tristeza

Música *oírla o interpretarla:* 6
bienestar; recibirá consuelo en un periodo triste

Nacimiento	*ver el propio:* 41 tendrá buena suerte y alegrías *ver nacer a alguien:* 3 entra en un periodo de felicidad y dicha familiar *ver nacer a un amigo enfermo en ese momento:* 17 se producirá un empeoramiento de la enfermedad
Nadar	*en poca agua:* 2 está atravesando un periodo penoso *no saber nadar y exponerse a morir:* 17 llegan algunas desgracias *salvar a alguien del agua:* 41 grandes alegrías, tendrá suerte en todos los campos
Naipes	*jugar a cartas:* 32 ha hecho gastos inútiles; perderá dinero; ha sido burdamente engañado; guárdese de un ladrón
Naranjas	*comerlas dulces y jugosas:* 19 sus esperanzas se realizarán, obtendrá reconocimiento por parte de su superior

comprarlas:13
ama y se ve correspondido

verlas en el árbol: 37
se enfrentará a problemas en el ámbito sentimental

verlas en un cesto: 8
uno de sus conocidos morirá

Narciso
verlo: 8
alguien le será infiel

Narcóticos
tomarlos: 14
caerá enfermo; sufrirá contratiempos de poca monta

Nariz
carecer de ella: 39
tendrá sentimientos extraños y antinaturales; sentirá odio; si lo sueña un enfermo, empeoramiento de la enfermedad

tener dos narices: 27
se peleará con amigos queridos

tenerla grande: 8
pasa por un periodo de buena suerte, felicidad y agudeza de ingenio

Nata
comerla: 15
gozará de buena salud

verla: 46
tendrá un golpe de suerte inesperado; recibirá una herencia

Naufragar
2
vivirá angustias y correrá peligros, pero gracias a un golpe de suerte logrará resolver la situación en su favor

Navidad *celebrarla:* 20
participará en una fiesta alegre

verla: 25
tendrá pingües ingresos

Nicho *hallarse en su interior:* 34
vivirá una aventura sentimental satisfactoria; será dichoso

verlo: 2
alguien quiere engañarle

Nido *de avispas:* 7
sufrirá una gran pérdida

de pájaro: 5
vivirá una gran alegría

de serpientes: 35
es inquieto e inconformista; vivirá una triste experiencia

lleno de huevos: 13
entra en un periodo de prosperidad y riqueza

tropezar con uno: 17
mala suerte, se expone a experiencias tristes

ver uno vacío en un árbol: 35
se enfrenta a una separación dolorosa; si aún no se ha casado, pronto formará una familia

Niebla *perderse en ella:* 21
se siente inseguro y desprotegido; está triste y angustiado; hallará con dificultad la solución de un problema

ver cómo se disipa: 41
la situación mejorará

ver cómo viene hacia nosotros: 6
no se meta en los asuntos de los demás; se ocupa en trabajos turbios e ilícitos

Nieto

verlo: 38
tendrá una alegría inesperada

Nieve

quedar sepultado y lograr salir: 40
tendrá problemas económicos transitorios

ver nevar: 39
deberá postergar un viaje; se prevé una disminución en sus actividades; retrase algo que tenía previsto desde hace tiempo, ahora no es el momento de actuar

Niñera

verla: 14
estará tranquilo y relajado

Niño

tener niños: 15
será feliz

tener un niño muerto en los brazos: 38
se avecina una gran desgracia

ver muchos niños: 12
deberá superar muchos obstáculos y problemas

verlo caer: 22
tendrá preocupaciones y obstáculos en el trabajo

volver a serlo: 1
disfrutará de felicidad y riqueza

Noche

clara en la que pueden discernirse los perfiles de las casas: 41
tendrá éxito en el amor y en los negocios

insólitamente iluminada por la luna y las estrellas: 9
su matrimonio será especialmente feliz

oscura y sin luna: 30
pasará por momentos desdichados

Nota

escribirla: 5
hará un breve viaje

leerla: 29
es muy curioso

recibirla: 49
recibirá noticias de una persona lejana

verla: 8
ganará a la primitiva

Notas musicales

cantarlas y tocarlas: 33
vivirá una experiencia agradable

verlas: 19
se materializará alguno de sus deseos

Noticia

recibirla: 49
recibirá una buena noticia

Novios

bailar con él o ella: 7
su matrimonio será muy feliz

ver al propio novio o a la novia: 1
será feliz; si corre, morirá; si muere, vivirá mucho tiempo

verlos: 16
se casará en breve

Nubes

grandes y blancas: 5
se presentan momentos de prosperidad, suerte

negras y amenazadoras: 2
se enfrentará al fracaso y a la melancolía

resplandecientes: 33
mal presagio, se cierne la desgracia sobre sus asuntos

si se mueven de abajo a arriba: 39
hará un viaje afortunado

Nudo

deshacerlo: 19
tendrá ingresos en metálico; mejoría en el campo laboral

hacerlo: 38
se halla en una situación muy intrincada y difícil

Nueces

cogerlas: 45
se presentarán algunas dificultades de forma momentánea

comerlas: 5
entra en un periodo de turbaciones, riñas y disgustos

partirlas: 21
tendrá una disputa pasajera con la persona amada

verlas: 24
tendrá preocupaciones

Números

borrarlos: 33
no es sincero consigo mismo

escribirlos: 19
está abrumado por el trabajo

verlos: 37
juegue a los números que sueñe, tendrá suerte

Oasis
verlo, hallarse en él: 44
tras muchos esfuerzos, encontrará reposo y alegría; no se duerma en los laureles

Obedecer
a alguien: 44
deberá sufrir antes de alcanzar lo que desea; sea prudente y no cometa deslices

Obelisco
verlo: 14
le propondrán un asunto ventajoso

Obispo
serlo: 32
es demasiado ambicioso

verlo, hablar con él: 12
recibirá honores y reconocimientos

Obrero
serlo: 27
buen trabajo, ganancias; se halla en un momento de transformación

verlo: 7
fíese sólo de sus fuerzas, no cuente con la ayuda de nadie más

verlo huir: 30
se hallará en el centro de una catástrofe natural

Observatorio

hallarse en él, verlo: 49
conocerá un secreto

Ocas

comprarlas: 18
alguien le tomará el pelo

matarlas, comérselas: 34
se prevén buenos tiempos

verlas volar: 31
obtendrá ganancias considerables

Océano

verlo: 41
llevará a cabo un viaje muy largo; tendrá que superar dificultades pero no se amilane, al final será feliz

Ofensa

hacerla: 26
prestará ayuda a alguien, aunque a regañadientes

recibirla: 22
siente remordimientos

Oferta

hacerla: 24
alguno de sus proyectos no llegará a buen puerto

recibirla: 34
se realizarán los proyectos que tiene para el futuro

Oficial

serlo: 21
intenta alcanzar honores y reconocimientos en vano

verlo, hablarle: 26
tiene suerte, será ascendido

Ojos

dolor de ojos: 2
sufrirá algún malestar, enfermedad leve

lagrimosos: 36
tendrá mala suerte

no poder abrirlos: 15
vivirá un amor apasionado

perderlos: 46
muerte de uno de sus hijos o familiares más íntimos

sanos y bonitos: 15
alcanzará la felicidad, amor sincero

tenerlos enfermos: 3
hará malos negocios

Olivas

cogerlas: 45
es poco razonable

cogerlas del suelo: 45
será víctima de algunas fatigas y grandes problemas

comerlas: 20
se enfrentará a una discordia familiar

en el árbol: 15
gastará mucho dinero

Olivo

verlo: 28
además de suerte tiene amistades fieles y duraderas

Olla *ponerla al fuego:* 23
recibirá visitas inútiles y enojosas

verla: 11
sufrirá un perjuicio; su cónyuge está muy celoso

Olmo *verlo:* 2
su vida será serena y dichosa

Ombligo *verlo o tocarlo:* 43
le ocurrirá algo desagradable; es poco activo e influenciable, lo que no le favorecerá en el campo laboral

Ópalo 24
es una persona sensata, lo que le hará muy popular

Opio *fumarlo, verlo fumar:* 39
la suerte no cae del cielo, es usted quien debe buscarla y conservarla; no sea tan indiferente respecto a todo; es el momento de comenzar a trabajar duro

Órdenes *impartirlas:* 21
es demasiado autoritario, su comportamiento odioso le acarreará antipatías

recibirlas: 22
trabaja en posición subalterna

Orejas *golpeárselas:* 14
recibirá una noticia desagradable

limpiárselas: 9
recibirá una buena noticia

llevarlas de burro: 6
vivirá un periodo de miseria y pobreza

perderlas: 2
se presentan algunas desgracias

si entran hormigas: 40
puede padecer una enfermedad grave; muerte

tener muchas: 1
su cónyuge y sus hijos le respetarán y seguirán sus consejos

tener ojos en lugar de orejas: 2
perderá la vista

Órgano *escucharlo, verlo: 12*
llega un periodo de suerte, alegría y fiestas

tocarlo: 37
recibirá una buena noticia

Orilla *de un río, pasear por ella: 9*
nostalgia y tristeza, sea más activo y concreto, y se sentirá más satisfecho de sí mismo

dormir en ella: 18
tranquilidad y alegría; se conforma con las pequeñas cosas que se presentan y es feliz

Orina *beberla: 4*
se curará rápidamente de su enfermedad

turbia: 13
controle su salud

verla: 28
sufrirá una pérdida

Oro *encontrarlo: 44*
perderá dinero

manipularlo: 13
ha dejado pasar una buena oportunidad

Orquesta *escucharla, verla: 27*
vivirá una gran alegría y serenidad de ánimo; dicha

Ortigas *cogerlas, sentarse encima, verlas: 35*
mala suerte provocada por un exceso de impulsividad, medite más sus actos

Oscuridad *hallarse en un lugar desconocido oscuro: 30*
pronto tendrá noticias en el ámbito laboral; no tiene nada que temer

Oso *polar: 48*
ama y es amado; da mucha importancia al sexo

ser atacado por uno: 30
será perseguido

ser detenido por uno: 11
es frío e inconstante con su esposa; podría abandonarle

verlo: 41
tendrá suerte

Ostra *abierta: 2*
vive un amor feliz

comerla: 40
su embarazo se desarrollará sin contratiempos

cerrada: 32
es frío e inconstante con la persona amada

Otoño *15*
recibirá una suma inesperada de dinero; herencia, buena suerte

Ovejas

ver un rebaño pastando: 42
su situación actual es satisfactoria; abundancia, seguridad

ver una: 10
su trabajo sufrirá un estancamiento; deberá soportar dificultades financieras

verlas blancas: 44
tiene amigos verdaderos

verlas negras: 23
tiene un amigo desleal

Padre
: *enfermo: 45*
sea cauto, el momento no es muy afortunado

  ser padre: 34
  su matrimonio será feliz

  ver al propio padre difunto: 8
  una persona a la que hace tiempo que no ve le ayudará en un apuro

  verlo especialmente autoritario: 1
  sufrirá una afrenta por parte de personas allegadas

Padres
: *hablar con ellos: 15*
  tendrá suerte en el trabajo

  verlos: 32
  alguien le protege en las adversidades

  verlos enfermos: 26
  grandes problemas

  verlos muertos: 1
  vivirá una gran alegría

Paga
: *darla: 14*
  vive un periodo de prosperidad, abundancia

recibirla: 10
su situación financiera es precaria, sufrirá grandes pérdidas

Paja *estar tumbado sobre ella:* 38
tendrá problemas con la justicia; cárcel; desgracia

llevarla a la espalda: 14
vive un periodo de abundancia y alegría

ver cómo arde: 17
sufrirá pérdidas monetarias; vivirá un amor desgraciado y sin esperanza

Pajarera *verla, poseerla:* 11
tendrá una familia numerosa

Pájaros *acuáticos:* 17
tenga cuidado, le amenaza un peligro

capturarlos: 31
se avecinan ganancias

darles de comer: 4
es sociable y tiene muchos amigos; alegría y suerte

matarlos, verlos muertos: 37
sufrirá una pérdida económica

nocturnos, verlos: 6
se producirá una disminución de actividad; pérdida económica

rapaces, capturarlos: 19
evitará un peligro

verlos encerrados en una jaula: 7
se esfuerza inútilmente

verlos volar: 7
cuanto más alto vuelen, más elevados serán los beneficios que recibirá

Pala *usarla:* 13
tras superar muchos obstáculos, tendrá éxito y dinero

verla: 4
deberá llevar a cabo un trabajo muy duro

Palacio *construirlo:* 31
es demasiado ambicioso, lo que le acarreará desgracias

recibirlo como regalo: 39
recibirá una sorpresa agradable e inesperada

verlo: 11
se siente atormentado por la indecisión y está descontento consigo mismo, decida qué quiere y lo logrará

vivir en uno antiguo: 17
se sumirá en la miseria y el dolor

vivir en uno moderno: 9
es demasiado orgulloso

Palmera *verla:* 19
recibirá honores y reconocimientos en sociedad

Palo *apoyarse en él:* 47
se siente débil y algo enfermo

golpear con él a una persona: 16
obtendrá una ventaja

hallarlo: 36
un enemigo nos sacará ventaja

tenerlo en la mano: 6
tendrá disgustos y tristezas, desconfíe de alguien que tiene cerca

Paloma *capturarla:* 41
se presentan contratiempos

matarla, comérsela: 34
deberá afrontar grandes disgustos

verla: 11
acontecimiento familiar favorable, éxito en los negocios e inicio de un amor duradero

Palomas *verlas revolotear:* 45
suerte en el amor

verlas volar: 3
vivirá momentos de contento, alegría y plenitud

Pan *caliente:* 32
tendrá problemas de salud, contrólese

cocerlo, verlo cocer: 40
una de sus empresas será coronada por el éxito

comerlo blanco y fresco: 27
tras un periodo difícil, pronto tendrá suerte

comerlo seco: 20
tendrá que superar problemas y contratiempos

partirlo: 43
está rodeado de personas desleales

Pantalones *ajustárselos:* 8
tendrá problemas de carácter financiero

perderlos: 6
su cónyuge es más autoritario que usted

rotos: 44
ayudará a alguien que está en dificultades

sacárselos: 33
controle su estado de salud, enfermedad leve

verlos: 2
si lo sueña una mujer, se casará antes de un año; si lo sueña un hombre, tranquilidad económica, salud, abundancia; acuérdese de una deuda pendiente y páguela

Pantano

hundirse en él: 2
se halla en peligro, vaya con cuidado

verlo, hallarse en él: 22
deberá superar dificultades, enfermedades y pobreza

Pantera

verla: 40
se siente triste, enfermo y desesperado, pero un amigo le ayudará en este trance

Pantorrillas

heridas o hinchadas: 6
tendrá preocupaciones y pérdidas financieras, desgracia

sanas y normales: 10
superará los obstáculos con facilidad; gran actividad

Pantuflas

comprarlas: 18
en casa manda su cónyuge

ir en zapatillas: 48
vive con tranquilidad y serenidad de espíritu

verlas, poseerlas: 11
se siente cómodo con la tranquilidad familiar en la que vive

Pañal
poner los pañales a un niño: 15
tendrá muchos hijos

Pañuelo
usarlo: 21
tendrá problemas, disputas, lágrimas

Papa
verlo: 32
está en peligro

verlo bendecir: 42
recibirá la gracia divina; buena suerte

Papagayo
darle de comer: 4
se casará con una mujer charlatana y chismosa

verlo, oírlo hablar: 41
alguien propaga rumores sobre usted; está rodeado de gente desleal

Papel
rasgarlo: 9
se divorciará o separará de la persona a la que ama

fábrica de papel: 7
póngase en guardia y prepárese para lo que venga

impreso: 6
obtendrá grandes honores y reconocimientos

verlo: 5
tendrá problemas judiciales

verlo volar: 14
sufrirá una gran desilusión

Paquete
mandarlo: 16
recibirá una agradable sorpresa

recibirlo: 27
novedades; su trabajo se verá especialmente favorecido

Paracaídas *verlo, usarlo: 7*
tiene un carácter indeciso y es taciturno; mala salud

Paraguas *abierto: 37*
tiene una amistad fiel que le ayudará en caso de necesidad

roto: 35
alguien le desilusionará, mostrándose oportunista y desleal

Paraíso *estar en él: 6*
vivirá placeres estéticos de breve duración; estará a salvo de los peligros

Parálisis *ser afectado por ella: 49*
sufrirá un periodo de estancamiento en los negocios; se siente traumatizado y debe reponerse en un ambiente tranquilo y relajado

ver a alguien paralizado: 30
suerte en los negocios; neutralizará la influencia de adversarios peligrosos

Pared *trepar por ella: 27*
logrará superar un obstáculo que creía inalcanzable

verla: 11
deberá afrontar un gran obstáculo y no cree que podrá superarlo

Parientes *ver parientes muertos: 33*
suerte, protección; escuche los consejos que le dan

verlos enfermar: 24
recibirá una herencia; sufrirá una gran desgracia

verlos morir: 13
vivirán muchos años; buena suerte

Parihuelas | *ser transportado en ellas:* 16
debilidad; cuidado con las desgracias

Parir | *verse parir:* 15
si lo sueña una mujer, felicidad y abundancia; si lo sueña un hombre, realizará y ultimará una nueva empresa

Parque | *pasear por él:* 40
tiene serenidad de ánimo; gozará de los pequeños placeres de la vida; experiencias agradables, tranquilidad

verlo: 48
tiene un carácter melancólico

Pasaporte | *verlo:* 15
hará un viaje imprevisto

Pascua | *celebrarla:* 7
deberá afrontar sacrificios y penas

Pasear | *en barca:* 35
tendrá una sorpresa agradable

ver a alguien: 41
recibirá una herencia

verse uno mismo: 40
buena suerte, llega un periodo de alegría y abundancia

Pasillo | *largo y oscuro:* 31
tiene muchas preocupaciones y no halla la manera de resolverlas

Pasta
cocerla: 40
escuchará habladurías

comerla: 18
disfrutará de abundancia, bienestar

trabajarla: 10
se enfrentará a pequeños contratiempos y problemas

Pastel
comerlo, verlo, prepararlo: 31
se avecinan fiestas

regalarlo: 23
su amor no es correspondido

Pasto
alpino: 10
deberá afrontar muchas dificultades

con ganado: 24
tendrá un porvenir próspero y apacible

verlo bonito y abundante: 42
disfrutará de suerte y riqueza

Pastor
serlo y conducir el rebaño: 8
vivirá grandes alegrías familiares; tendrá ganancias pequeñas pero satisfactorias

Patatas
cocerlas: 40
recibirá una visita agradable

comerlas: 31
se verá afectado por una enfermedad leve, controle con más frecuencia su salud

pelarlas: 5
se librará de personas desleales

Patinar
ver a alguien: 49
su trabajo sufrirá un periodo de estancamiento

verse uno mismo: 40
tendrá ganancias fáciles y suerte en el campo laboral

Pato
cazarlo: 4
logrará concluir un asunto importante

comérselo: 29
se divertirá

doméstico: 14
entablará una amistad duradera con una mujer honesta

salvaje: 16
entablará amistad con mujeres de poca solvencia moral

verlo volar: 36
se reconciliará con un enemigo y vivirá momentos agradables

Payaso
serlo: 31
sufre complejo de inferioridad, no se menosprecie y no se preocupe de los bulos sobre usted que puedan correr

verlo: 25
tristeza, sufrirá contratiempos

Pecho (masculino)
herido: 20
tiene amigos leales

hermoso: 1
tendrá suerte en el campo sentimental

Pegar
a otra persona: 8
tendrá problemas con la justicia, le interpondrán querellas o denuncias y deberá comparecer ante un tribunal

al cónyuge: 42
le será infiel

con un látigo o una caña de bambú: 17
mala suerte, se avecinan problemas y disgustos

ser golpeado (con las manos o un palo): 41
tendrá suerte

Peinar

recogerse el pelo: 34
si lo sueña una mujer, vivirá una gran alegría; si lo sueña un hombre, pronto tendrá dificultades económicas

ser peinado: 14
le juzgarán muy severamente

uno mismo: 40
logrará resolver un problema

Pelar

algo: 5
sobrevendrá un luto familiar

Pelear

a caballo: 14
se casará con una mujer rica y hermosa, pero necia

con animales feroces: 35
caerá enfermo; posible pérdida de bienes

con armas: 15
se casará con una persona sensata e inteligente

con armas de plata: 15
se verá sometido a una mujer rica y autoritaria

con dos espadas: 30
su mujer será fascinante pero malvada

contra familiares: 2
mala suerte, tendrá una gran desgracia; si los sueña un enfermo, locura

contra un superior: 28
le censurará y tratará de mala manera

cuerpo a cuerpo: 29
disputará con alguien

Pelearse

44
la situación es incierta y difícil

Pelota

jugar con ella: 23
se demora y ello no favorece sus asuntos; su actitud ralentizará su trabajo, sea más activo y rápido en decidir

ver cómo se nos escurre: 21
sus deseos son demasiado utópicos e irrealizables, debe tener los pies en el suelo

Peluca

llevarla: 44
tendrá mala suerte

Peluquero

verlo: 26
alguien propaga bulos sobre usted

verlo afeitar: 23
es una persona alegre

verlo cortar el pelo: 31
vive en la indolencia y tiene malos hábitos

Pena capital

verla ejecutar: 40
recibirá honores y riquezas, pero tendrá problemas familiares o con la persona amada

Pendientes

llevarlos: 46
conocerá un secreto

romperlos: 17
traicionará a la persona amada, o será traicionado por ella

verlos: 10
pronto tendrá problemas monetarios

Penuria

soñar que se vive: 4
sufrirá pérdidas financieras; es posible que viva un contratiempo amoroso, o que se separe, actúe con precaución

Pepinillos

comerlos: 23
es avaro y oportunista

Peras

comerlas: 5
disfrutará de buena suerte

con gusanos: 44
alguien quiere engañarle

sacudirlas del árbol: 41
tendrá buena suerte

ver un árbol cargado de peras: 14
deberá afrontar discusiones con una mujer

Perder

algo: 7
realizará un esfuerzo inútil

ropa interior: 12
sentirá vergüenza; alguien propagará habladurías embarazosas sobre usted

Perdonar

a alguien: 11
vivirá penalidades, angustia y miedo

recibir el perdón: 28
siempre está insatisfecho, confórmese con lo que la vida le brinda

Peregrinaje *hacerlo: 40*
cambiará de casa o ciudad

verlo: 35
se realizará un deseo ardiente

Perforar *algo: 15*
habla demasiado y se entromete en cosas que no le atañen

ser perforado (con un taladro u objeto puntiagudo): 35
alguien propagará bulos sobre usted; se siente insatisfecho sexualmente

Perfume *percibirlo: 18*
alguien quiere engañarle; no se deje arrastrar por actividades que sólo le acarrearían problemas

Periódico *leerlo: 9*
pronto recibirá buenas noticias

recibirlo: 28
no debe ser tan intrigante y curioso

Perlas *perderlas: 7*
tendrá mucho éxito

recibirlas: 28
tendrá disgustos y le invadirá la tristeza

verlas: 14
está triste, ha sufrido una gran desilusión amorosa pero pronto hallará consuelo

Permiso *otorgarlo: 4*
será desgraciado en el campo laboral

recibirlo: 16
llevará a cabo una empresa que le parecía imposible

Perra *verla: 2*
tiene una amiga que no le abandonará cuando se presenten contratiempos

Perro *acariciar un cachorro: 2*
tiene responsabilidades muy graves en la vida familiar

atarlo o ponerle el bozal: 12
alguien quiere robarle

bastardo o vagabundo: 20
tiene un amigo del que puede fiarse y que le ayudará en una situación delicada

de caza: 46
es una señal favorable, será emprendedor y afortunado

de guardia: 28
su casa está segura y protegida; en ella reina la armonía

que ladra o muerde: 1
tenga cuidado con un peligro o un suceso desagradable; posibles pérdidas de dinero

Perseguir *algo o a alguien: 44*
está descontento con lo que hace y se plantea metas inalcanzables, ¡sea más realista!

Pesar *algo: 22*
es una persona reflexiva, su actitud demasiado puntillosa podría perjudicarle y hacer que deje escapar una oportunidad importante

Pescar *con el sedal peces extraños y nunca vistos:* 19
es receloso y astuto, quiere engañar a un allegado

peces pequeños: 35
logrará un pequeño éxito en el campo laboral

ver a alguien: 32
una persona astuta y desleal le traicionará

ver a alguien pescar con el sedal: 44
será engañado por una persona desleal que creía amiga

Pestañas *cortas o inexistentes:* 2
se prevé un suceso muy desgraciado; lágrimas

espesas y largas: 48
será muy feliz

Pez *comerlo:* 7
tendrá suerte y riquezas

de colores: 21
sufrirá penalidades y enfermedades

grande: 39
cerrará un negocio importante

muerto: 27
alguien propaga bulos sobre usted

pequeño: 17
se presentarán contratiempos

tenerlo en la mano: 20
dejará escapar una buena oportunidad

ver bastantes: 33
uno de sus amigos enfermará o morirá

verlo en la cama: 33
sufrirá alguna enfermedad; tendrá mala suerte

Piano	*oírlo tocar:* 18
alguien le pondrá trabas en un asunto importante

tocarlo: 37
confía mucha en el futuro, de hecho, tendrá suerte y felicidad

Picor	*sentirlo:* 9
recibirá un dinero que le debían desde hace tiempo

Piedra	*arrojársela a alguien:* 39
ultrajará a alguien

perderla: 7
será víctima de un robo

preciosa: 9
si la recibe, juzgará injustamente una situación

ser golpeado por una: 8
será ultrajado; fuga

tener muchas preciosas: 12
recibirá reconocimientos y honores, pero cuidado, porque se siente tentado por algo que es mejor que no haga

verla en el camino: 14
deberá superar obstáculos

Piel	*rugosa y fea:* 33
vivirá muchos años

ver la propia: 40
sus celos podrían echar a perder una relación sentimental muy sólida

verla bonita y tersa: 26
es muy amado

verla oscura: 17
será traicionado

Piernas	*artificiales: 12* le engañarán
	heridas: 24 le ocurrirá una desgracia
	hinchadas: 10 perderá dinero
	moverlas mal: 8 está abrumado por preocupaciones y dolores
	perder una: 33 morirá un amigo querido
	rompérselas: 44 sufrirá contratiempos laborales
	tenerlas perfectas: 3 recibirá una alegría inesperada
Pies	*tener uno enfermo: 27* inicio y programación de un asunto muy lucrativo
	tenerlos amputados: 31 sufrirá perjuicios y penalidades
	tenerlos sucios: 14 tendrá disgustos y problemas familiares
Pila bautismal	*verla: 1* felicidad, su matrimonio goza de gran serenidad
Píldoras	*dárselas a alguien: 17* está intrigando en contra de una persona indefensa
	tomarlas: 16 vivirá una aventura agradable y feliz

Piloto	*serlo:* 27 tiene un carácter fuerte y sabe captar el lado bueno de las cosas *verlo:* 7 se producirán cambios en su situación afectiva o financiera
Pintar	*un cuadro:* 24 tendrá una vida larga y feliz
Pintor	*serlo:* 27 adora las comodidades y podrá vivir rodeado de ellas *verlo:* 27 si persevera en su trabajo, será muy afortunado
Piojos	*despertarse con la sensación de no haberlos eliminado:* 4 siempre será esclavo de sus problemas y angustias *sacudírselos de encima:* 28 hay muchas posibilidades de que resuelva sus problemas *tenerlos y matarlos:* 25 se librará de problemas y melancolías
Pipa	*romperla:* 21 recibirá un disgusto *usarla:* 7 alegría, alcanzará placeres modestos
Piqueta	*usarla:* 3 se halla en una situación difícil; no cometa actos ilícitos, le perjudicarían enormemente

Pirámide
entrar en ella: 12
recibirá reconocimientos y honores

verla: 4
un asunto se revelará inviable y desgraciado

Pirata
serlo: 1
hará amistades desleales

verlos: 6
perderá mucho dinero en negocios equivocados

Pistola
disparar: 23
tendrá éxitos en el campo afectivo; es muy pasional; aventura

manejarla: 21
tomará posiciones respecto a un conocido

verla: 21
sentirá rabia y rencor inútiles

Placer
sentir un gran placer: 4
será perjudicado y ultrajado

Plantas
estar a la sombra: 34
alcanzará tranquilidad y modesta riqueza en el campo laboral

regarlas, plantarlas: 12
su matrimonio será feliz y pródigo

Plata
hallarla: 44
debe estar en guardia y ser prudente en los negocios

recibirla como regalo: 10
ayudará a un amigo

venderla: 18
cosechará riqueza

verla: 5
tendrá problemas económicos

Plátano
comérselo: 1
es ávido desde todos los puntos de vista

Plátanos
verlos: 41
si lo sueña una persona que trabaja la madera, buena suerte; si lo sueña cualquier otra persona, miseria y penuria

Platos
romperlos: 21
deberá superar un momento triste y difícil

verlos: 40
en breve le invitarán a una fiesta

Playa
verla: 25
realizará un deseo
(véase *Arena*)

Plaza
si está vacía: 1
deberá superar un obstáculo; si ocupa un puesto relevante, su actividad se ralentizará; si su situación es modesta, mejoría económica en perspectiva

verla: 23
estará de malhumor; sufrirá decepciones

Plumas
verlas o escribir con una: 27
pronto recibirá una buena noticia

verlas por el aire: 31
alcanzará las metas que se propone

Plumero *sucio:* 13
se encuentra confuso, debe ser más racional en sus proyectos y razonamientos

verlo, usarlo: 11
es demasiado voluble y ello le perjudicará

Poeta *serlo:* 39
sueña con los ojos abiertos y se arriesga a perder de vista la realidad; piensa que quizá la gente no le entiende

Polillas *ver cómo se comen la ropa:* 23
guárdese de personas desleales que le quieren engañar y perjudicar

Polvo *verla en casa o en la ropa:* 48
vivirá momentos de incomprensión descontento y disputas

Pólvora 35
se anuncia un grave peligro; situación de guerra; se siente impotente frente a unos acontecimientos que considera que le superan; sea más enérgico y agresivo

verla encima: 6
es testarudo y constante, y logrará realizar sus proyectos

Pomada *aplicársela:* 22
es banal y se regodea en lo fútil

aplicársela a alguien: 12
desea conquistar el afecto y la amistad de una persona

Popa *estar en la popa de un barco:* 9
recibirá un regalo agradable; alguien le ama

Porcelana   *comprarla: 18*
pronto formará su propia familia; matrimonio

poseerla: 33
vive momentos de bienestar

romperla: 21
es inseguro y miedoso; si no cambia de actitud, la situación empeorará

verla en equilibrio precario: 31
está en una situación inestable; la solución a su problema sólo depende de usted

Postal   *recibirla: 25*
alguien piensa en usted y le quiere

Potro   *verlo: 24*
se avecinan momentos de felicidad y alegría

verlo brincar: 15
le espera un periodo afortunado y alegre

Pozo   *caer dentro: 13*
mala suerte, tenga cuidado con los peligros

de aguas transparentes: 41
goza de buenas perspectivas

de aguas turbias: 17
tendrá mala suerte

excavarlo: 19
encontrará un trabajo duro, pero muy lucrativo

extraer agua: 14
se rodeará de riqueza, abundancia

lleno de agua: 18
suerte, gozará de estabilidad económica

si rebosa agua: 14
sufrirá una pequeña pérdida económica

verlo: 18
si lo sueña una persona que aún no se ha casado, matrimonio feliz e hijos

verlo en casa: 17
mala suerte, se presenta alguna desgracia

Prado

caminar sobre uno verde y mullido: 41
tiene buenas perspectivas

hallarse en uno con hierba y florecillas: 39
cosechará ganancias modestas

tumbarse en él: 4
llevará una vida agradable

Prédica

hacerla: 17
tiene una actitud pedante y sabihonda que no suscita las simpatías de la gente

recibirla: 28
se presentan pequeños problemas, tristeza

Preguntar

recibir una pregunta: 23
habla demasiado y es muy curioso

Prestar

algo: 17
recibirá algo que hace tiempo que deseaba

Primavera

ver nuevas flores o capullos: 44
alegrías en el campo sentimental; renovación de energías

Primitiva

participar en un sorteo: 42
pérdida financiera

ver los números del sorteo: 7
si los canta un difunto, juéguelos; en los demás casos, aunque juegue a ellos, no ganará

Príncipe

hablar con él: 15
vive una situación envidiable y envidiada

verlo: 13
recibirá honores y reconocimientos

verlo a caballo: 33
si no modera sus gastos, pronto se verá sin blanca

Prisa

tenerla: 8
recibirá huéspedes

Prisión

entrar en ella: 43
gozará de alegrías y felicidad

estar en ella: 22
podría cometer un error gravísimo

hallarse atado o encadenado: 7
se siente débil e impotente, debe tener más decisión al afrontar situaciones difíciles

salir de ella: 4
triunfará en una empresa iniciada hace poco; si lo sueña un enfermo, pronto se curará

ser detenido: 14
enfermedad; su actividad disminuirá; si lo sueña un enfermo, rápida curación

Procesión

verla, seguirla: 37
ha logrado sortear un grave peligro

Proceso

asistir como acusado: 39
si lo sueña una mujer, cambio de estado civil; si lo sueña un hombre, pérdida de bienes

asistir como juez: 42
encontrará a un amigo al que hace tiempo que no veía

ganarlo: 27
tras muchas dificultades, cosechará un éxito merecido

Profecía

formularla: 24
es una persona dispersa, de usted se esperan ahora hechos y no palabras

oírla: 23
se realizará lo que oiga en sueños

Prometer

algo a alguien: 1
no se ha comportado con lealtad respecto a un amigo

recibir una promesa: 29
alguien quiere engañarle

Propiedad

comprarla: 18
no estire más el brazo que la manga y confórmese con lo que tiene, que no es poco

recibirla: 5
si aún no se ha casado, matrimonio afortunado; si ya lo está, pronto tendrá un hijo

Propina

darla: 1
perderá dinero

recibirla: 48
tendrá ingresos modestos pero seguros

Prostituta *tener tratos con ella:* 9
ama a una mujer que no le corresponde; se mueve en ambientes equívocos

Proteger *a alguien:* 30
trata de ayudar, pero los demás no se lo agradecen

ser protegido: 18
alguien desea su colaboración

Proyectil *en general:* 33
mala suerte, se expone a peligros y contratiempos

manipularlo: 17
tendrá problemas y contratiempos

recibir su impacto: 33
se presentará una enfermedad

verlo penetrar en nuestra vivienda: 17
correrá un grave peligro

Proyecto *planteárselo o exponerlo:* 6
logrará realizar un proyecto reciente

Pueblo *ver el lugar de nacimiento:* 9
es muy nostálgico y está obsesionado con el pasado; podría perder de vista el presente, que está a punto de depararle una gran alegría

ver un paisaje: 32
logrará resolver y ultimar un asunto pendiente desde hace mucho tiempo

ver un pueblo desierto: 23
periodo desgraciado, múltiples contratiempos

Puente   *atravesarlo:* 44
resolverá una cuestión jurídica si persevera; sea más decidido y optimista

estar en un puente suspendido sobre un desfiladero y creer que vamos a precipitarnos en el vacío: 17
la situación es grave y corre el riesgo de no superarla por su timidez y excesiva pusilanimidad; debe ser más combativo para alcanzar sus metas

Puerta   *hallarse frente a una puerta cerrada:* 21
vivirá un momento de disminución temporal en el campo laboral, si no acepta nuevas ideas y técnicas, perderá el ritmo y su situación empeorará cada vez más

ser puesto en la puerta: 27
alguien se comportará de forma descortés con usted

verla abierta: 47
una actividad reciente se revelará muy lucrativa y afortunada

Puerto   *estar o dirigirse hacia él:* 9
recibirá una buena noticia; conocerá algo que se guardaba en secreto

Pulgas   *buscarlas:* 12
pronto tendrá problemas

desembarazarse de ellas: 13
superará las dificultades y los obstáculos que le impiden alcanzar la felicidad y la plenitud

ser víctima de ellas: 23
sufrirá molestias y contratiempos

Pulmón   *comerlo:* 29
controle su estado de salud; sufrirá una breve enfermedad

verlo herido: 13
está corriendo un grave peligro

Puñal

ser herido: 20
tendrá alguna satisfacción o aventura; recibirá un regalo inesperado

usarlo: 1
es violento; tiene las de ganar en una disputa

Puñetazo

darlo: 8
se anuncian perjuicios y enfermedades; época nefasta

ver un combate de boxeo: 21
se verá implicado en un litigio

Purgatorio

hallarse en él: 36
tendrá problemas con la justicia; no mantiene un comportamiento equilibrado y leal

Puros

fumarlos: 39
es sensato; vivirá muchos años

Pus

tenerla: 15
se ha agotado últimamente; enfermedad

verla: 39
ganará nuevas riquezas

Quemar *a alguien: 11*
asuntos peligrosos y complejos le quitarán el sueño

quemarse uno mismo: 37
está enamorado

ser quemado: 37
amor ardiente; no sea demasiado impulsivo, o podría arrepentirse amargamente

ver quemar algo: 15
se presentan momentos de ardor, felicidad y alegría

Querella *interponerla: 30*
suele caer en excesos, serénese y no se cree problemas inútiles

recibirla: 38
tendrá diferencias con la familia de su prometida

Querubín *verlo: 2*
sus acciones están presididas por la inocencia y la bondad

Queso   *comerlo: 32*
tendrá grandes ganancias y notables réditos; está sano

Quiebra   *10*
su situación económica mejorará: tendrá nuevas y abundantes fuentes de ingresos; si juega, tendrá suerte

Químico   *estudiar química: 16*
procure no olvidar los detalles

hacer un experimento: 28
emprende una actividad original

que trabaja: 37
sería mejor no sumar de un modo aproximado

ver productos químicos: 45
tenga cuidado con la salud

Quimono   *verlo: 11*
siente la fascinación de los países orientales

vestirlo: 8
le gusta ser original

Quitanieves *conducirlo: 46*
tiene fuerza para eliminar los obstáculos

verlo: 30
alguien le ayudará en los momentos difíciles

verlo en acción: 4
será salvado de una situación de inmovilismo

Rabia
sentirla: 32
está rodeado de amigos desleales

Rabino
verlo: 4
tendrá suerte en el campo laboral, pingües ganancias

Radio
escucharla: 45
pronto tendrá noticias de una persona lejana; suerte en los negocios

Raíces
comerlas: 20
goza de óptima salud

hallarlas durante una excavación: 21
sus ingresos serán modestos

tropezar con ellas: 7
es demasiado intrépido en los negocios, podría tener notables pérdidas de dinero si no modifica su actitud

ver cómo sobresalen de un árbol: 21
sufrirá alguna desgracia relacionada con el cónyuge

Rallador *herirse al usarlo:* 11
una amiga traicionará su confianza

usarlo: 13
tiene amigos leales

verlo: 35
tendrá pequeños disgustos

Ramas *secas:* 14
será víctima de una desgracia

verdes: 46
gozará de nuevo amor, felicidad y plenitud espiritual; presagio de fuerza y potencia

Ranas *comerlas:* 33
recibirá reconocimientos y honores

matarlas: 34
alcanzará una posición muy elevada; riquezas

oírlas croar: 20
pronto recibirá buenas noticias; alegría

verlas: 44
guárdese de hombres falsos y simuladores

Rascacielos *verlo:* 20
es ambicioso y extravagante

Rastrillo *ser amenazado con uno:* 24
recibirá una agria censura

utilizarlo: 8
desea aclarar sus ideas y reflexionar, le favorecerá sobre todo en el ámbito laboral

Ratas

capturarlas: 19
realizará un proyecto

en una trampa: 11
derrotará a un enemigo

matarlas: 34
tendrá las de ganar respecto a un enemigo despiadado

ser atacado: 30
perderá el dinero que había prestado

ver un gran número de ellas: 38
la pobreza puede causarle momentos difíciles

verlas en casa: 11
disfruta de un periodo de suerte y alegría

Rayo

verlo durante una tormenta: 17
sentirá dolor; también puede indicar pérdida de bienes

Rebelión

verla: 12
sentirá un gran disgusto

Recaudador de impuestos

verlo: 21
recibirá la visita de alguien desagradable

Recién nacido

verlo: 20
alegrías familiares; se presentan cambios a la vista

Recoger

algo del suelo: 45
esté alerta y no deje escapar una buena ocasión, la suerte está a punto de sonreírle

Reconciliarse   *con alguien:* 17
las contrariedades pronto se solventarán; encontrará la solución a graves problemas afectivos

Red   *ver una:* 2
gran pasión por una mujer o un hombre; amor sensual

estar aprisionado: 2
cambio de situación; desea liberarse de una mala costumbre o un vicio que le impide alcanzar la felicidad; sea decidido y no se amilane

lanzarla al mar: 7
cerrará negocios ilícitos

romperla: 21
será más astuto que su adversario

trenzarla: 10
aventura amorosa; alegría y satisfacción

Redil   *verlo:* 5
vivirá en la opulencia

Refrescarse   *8*
se casará por amor y tendrá poco dinero; la buena suerte debe conquistarse a base de un trabajo duro

Refugiarse   *buscar refugio:* 1
inicio de una nueva aventura sentimental

de un peligro o de la intemperie: 21
superará un obstáculo

hallar refugio: 34
disfrutará de un amor feliz

Refugio

buscarlo y encontrarlo: 28
tiene buena suerte y un porvenir seguro

hallarse en él: 36
está abrumado de trabajo y desea descansar

tener que abandonarlo: 10
deberá superar momentos difíciles y pesados; problemas y obstáculos

Regalo

hacerlo: 3
a cambio de su ayuda, recibirá ingratitud; guárdese de acciones precipitadas

recibirlo: 40
su situación financiera mejorará notablemente

Regalos

hacerlos: 3
vivirá una gran alegría

recibirlos: 40
cambio radical; si es pobre, se hará rico; si vive en la opulencia, perderá sus bienes

Regar

algo: 4
su trabajo se revelará muy lucrativo en breve

flores, plantas, hortalizas: 25
se aproximan alegrías y placeres merecidos

un prado: 21
el trabajo que está realizando dará frutos en breve

Reír

de alguien: 49
disfrutará de alegría y buena suerte

oír a alguien: 23
sentirá un gran disgusto, su tranquilidad se verá rota

Rejuvenecer	*verse:* 23 se producirá un nacimiento en la familia; el futuro le deparará alegrías
Reliquia	*verla:* 20 es infeliz y su tristeza no remitirá rápidamente
Reloj	*de un campanario:* 37 los amigos le estiman y respetan *cargarlo:* 22 debe recordar una cita *consultar la hora:* 41 tendrá suerte y salud *de péndulo, que marca las horas:* 21 es una persona codiciosa, obsesionada por el trabajo *hallarlo:* 21 nunca es puntual *roto o parado:* 28 tiene un grave problema *verlo caer y romperse:* 28 se enfrenta al sufrimiento y a la enfermedad
Remar	*verse:* 7 su trabajo irá bien; se merece la suerte que tiene; alcanzará sus metas gracias a su perseverancia
Remolino	*ser atrapado por uno:* 2 vivirá jornadas tormentosas que afectarán su carácter apático e indiferente

Renunciar   *a algo:* 11
            perderá algunas ventajas y mermará la consideración por parte de personas influyentes

Reptil   *verlo:* 11
            está rodeado de personas desleales que quieren engañarle

Resbalar   *ver a alguien:* 10
            ha provocado molestias o disgustos a alguien que no se lo merecía

            verse uno mismo: 19
            será ultrajado y se encontrará en una situación muy embarazosa por culpa de habladurías

Resfriado   *tenerlo:* 49
            sufre trastornos respiratorios; alguien le provocará disgustos

Resina   *mancharse:* 2
            hallará muchos obstáculos en el campo laboral, disminución de actividad

Respaldo   *ver la de nuestra cama:* 40
            oirá murmuraciones desleales sobre usted

Responder   *a una pregunta:* 32
            es demasiado vehemente, podría sufrir graves perjuicios económicos si no modifica su comportamiento

Restaurante *ir a uno:* 24
            hará un viaje de placer, pero muy caro

Resurrección	*ver la de un muerto:* 35 tendrá problemas y tristeza; perjuicios materiales
Retama	*verla:* 15 deberá superar dificultades
Retrasar	*por tomar un medio de transporte:* 23 disfrutará de alegría pasajera; posible premio en la primitiva
Retrato	*ver el propio:* 5 tiene un deseo intenso de éxito y una actitud superior que le suscita no pocas antipatías; podría quedarse solo *verlo colgado de una pared:* 49 la persona representada vivirá muchos años; posible inicio de un nuevo amor
Retrete	*dormirse en él:* 18 alcanzará poder y fama *verlo:* 14 la persona que le ama le traerá suerte; está viviendo un gran amor
Rey, reina	*hablarle:* 33 recibirá reconocimientos y honores *serlo:* 1 si lo sueña un enfermo, muerte; si lo sueña una persona sana, pérdidas económicas o separación de la persona amada

verlo/a: 15
materializará un proyecto; cambio de situación, ascenso

Rezar

haciendo ofrendas: 5
debe resolver pequeños problemas, pero el futuro se anuncia afortunado

ver a alguien: 33
debe esforzarse en superar obstáculos y problemas que pronto se le presentarán

verse uno mismo: 19
alegrías y buena suerte; logrará superar fácilmente obstáculos de poca monta; serenidad espiritual

Rico

serlo: 39
es ambicioso y es posible que su deseo de dinero y poder le haga caer víctima de personas sin escrúpulos

Riendas

sostenerlas en la mano: 8
para no dejar escapar el control de la situación, debe ser más autoritario y decidido

Rinoceronte

verlo: 16
tendrá mucha suerte

Riñón

verlo, sentir dolor: 36
se enfrentará a la enfermedad; tendrá disgustos

Río

adormecerse en él: 31
puede llegar la muerte

de aguas transparentes: 20
el momento es favorable para un viaje

de aguas turbias: 22
el viaje estará sembrado de contrariedades
y peligros

atravesarlo y alcanzar la otro orilla: 15
logrará superar airoso cualquier obstáculo

nadar en él o bañarse desnudo: 44
disfrutará de buena suerte, prosperidad y riqueza

navegar por él: 6
tendrá suerte y prosperidad en los negocios

ver cómo se desborda: 49
mala suerte, sufrirá daños materiales y pérdidas
económicas

Ritmo   *marcarlo:* 37
asumirá posiciones de mando

Rizos   *cortarlos:* 2
gozará de un amor exclusivo

llevarlos: 22
está viviendo un amor verdadero; fidelidad
y alegría

perderlos: 13
dejará a su pareja

recibirlos como regalo: 9
inicio de un amor feliz

regalarlos: 26
declarará su amor a otra persona

verlos: 49
recibirá noticias de una persona a la que amó

Robar

algo: 11
está corriendo un peligro tanto más grave cuanto mayor es el valor del objeto robado

objetos sagrados: 11
si lo sueña un sacerdote, buena suerte; si lo sueña un laico, peligros, desgracias o tristeza

a alguien: 8
vivirá una aventura deshonesta

ser robado: 17
perderá a un amigo querido

Rocas

caerse: 9
tiene la tensión baja; posible luto familiar

trepar por ellas: 8
se realizarán algunos de sus deseos

verlas: 14
su trabajo se presenta preñado de dificultades y problemas

verlas muy altas: 37
tiene grandes aspiraciones y no sabe cómo realizarlas, sea más realista y concreto

Rodillas

caer de rodillas: 41
será humillado

enfermas: 28
pasa por momentos de improductividad y estancamiento

heridas: 28
sufrirá una pérdida financiera

sanas: 19
se encuentra en un periodo de fuerza y movimiento; posible viaje

verlas: 19
la suerte no le abandonará

Rosario

recitarlo: 20
posible luto familiar

verlo: 7
sufrirá una breve enfermedad

Rosas

coger un manojo: 7
obtendrá placeres, diversiones y alegría

olerlas: 2
disfrute el momento

pincharse con sus espinas: 12
tiene problemas con la persona amada, si no es más conciliador, podría provocar una separación irreversible

recibirlas: 28
está viviendo un amor sincero

Ruborizarse 19
sentirá vergüenza por una acción cometida

Rueda

perder una rueda de un vehículo: 17
vivirá desgracias y disgustos

ver girar la de un molino: 42
en el amor es inconstante

verla girar a gran velocidad: 6
suerte y riqueza; los asuntos mejorarán

verla girar lentamente: 26
mejoría de su posición social

verla rota: 44
deberá superar notables obstáculos en el campo laboral

Ruibarbo *cogerlo:* 36
llegará la alegría después de múltiples dificultades

venderlo: 16
obtendrá grandes ganancias

Ruinas *verlas, visitarlas:* 10
tendrá un golpe de suerte en el campo laboral; grandes ganancias

Ruiseñor *enjaularlo:* 3
se presentan grandes alegrías

oírlo cantar: 25
vive un periodo de armonía familiar; amor correspondido

Sábana
taparse con ella: 41
recibirá una herencia

verla: 33
sufrirá una ligera enfermedad

Sabañones
tenerlos: 5
atravesará momentos difíciles

Sable
usarlo: 24
es enérgico, pero demasiado violento y carece de escrúpulos cuando quiere alcanzar una meta

ser herido con uno: 3
se enfrentará a preocupaciones y obstáculos

usarlo roto: 21
a pesar de sus esfuerzos no alcanzará sus propósitos

Sacerdote
verlo: 28
recibirá reconocimientos y honores

verlo pasear por delante de la puerta de casa: 40
pronto alcanzará una posición social relevante

Sacramentos   *recibirlos:* 11
lo recibirá riquezas, honores y placeres

Sacristía   *hallarse en ella:* 20
sus asuntos se desarrollarán de manera óptima, riqueza y abundancia

Sal   *comerla:* 20
su situación económica empeorará

verla: 9
tendrá suerte en el trabajo

verterla: 28
mala suerte; es posible que alguno de sus deseos no llegue a realizarse

Sala   *bailar en ella:* 3
lleva una vida alegre y agradable

comedor: 16
en breve será invitado a una fiesta

de baile: 20
lleva una vida fácil y sin grandes obstáculos

en una casa y de grandes dimensiones: 6
disfrutará de un periodo de bienestar y prosperidad

Salchicha   *comerla:* 3
tendrá suerte al desarrollar un nuevo proyecto

prepararla: 7
mantiene la armonía y tranquilidad familiares

Salchichón

comerlo: 3
goza de buena salud

verlo: 33
debe ser más reflexivo o tendrá que arrepentirse

Salir

de casa: 10
si nadie lo impide, realizará un gran deseo; si alguien opone resistencia, enfermedad grave o peligro mortal

Saltar

al agua: 23
alguien quiere engañarle

un obstáculo: 1
logrará sortear un grave peligro

una zanja: 30
logrará saldar todas sus deudas

Saludar

a desconocidos: 35
deberá superar pequeñas dificultades

a un enemigo: 17
reconciliación, inicio de una relación agradable con una persona a la que valoraba equivocadamente

a los familiares: 12
tendrá suerte y alegría

Salvaje

serlo: 11
considera que su familia no le comprende; tristeza y rencor

verlo: 14
peligro, sufrirá fuertes pérdidas de dinero

Salvar	*a alguien de un peligro:* 9 a cambio de su ayuda, recibirá sólo ingratitud *ser salvado:* 35 deberá afrontar un gasto considerable
Salvia	*comerla:* 3 goza de buena salud; longevidad
Sandalias	*llevarlas:* 21 es propenso al sacrificio, pero como forma de exhibicionismo; sea más sincero consigo mismo
Sangre	*bañarse en ella:* 25 gran pérdida económica *beberla:* 15 la suerte le es propicia; vive en la prosperidad y riqueza *de la nariz:* 16 la situación mejorará *mancharse con ella:* 13 enfermedad; la mayoría de sus males proviene del miedo que les tiene, no se compadezca tanto *ver caer al suelo la propia:* 41 disfruta de suerte y prosperidad *verla correr de una herida:* 11 su orgullo y dignidad han sido heridos
Sapo	*matarlo:* 34 lleva las de ganar respecto a un enemigo *verlo:* 10 esté atento, podría correr un grave peligro *verlo en casa:* 10 su felicidad es pasajera

Sastre
hacerse tomar las medidas por él: 29
quiere agradar a las personas

serlo: 17
si no es la profesión del soñante, un allegado faltará a la lealtad que le suponía; si lo sueña una mujer, su deseo de afecto pronto será satisfecho

verlo: 3
aumento del patrimonio económico

Sauce
verlo: 9
sentirá una gran desilusión amorosa; tristeza y disgustos

Saúco
comerlo: 20
su estado de salud mejorará notablemente

verlo: 37
descubre un nuevo amor; satisfacción y alegría

Secar
con una toalla: 40
cambiará de trabajo y de domicilio

la lencería: 43
uno de sus parientes caerá enfermo

Secuestrar
ser secuestrado: 30
una enfermedad está al acecho

Sed
beber agua fresca en una fuente: 41
su futuro será próspero y afortunado

no lograr mitigarla: 41
no obtendrá lo que desea

Seda *comprarla: 4*
vive un periodo afortunado, pero este momento de bienestar será de breve duración

llevarla puesta: 34
es demasiado vanidoso y exhibicionista, y ello le vuelve antipático

Sedal *verlo: 26*
tenga cuidado, alguien le quiere tender una trampa

Seducir *a alguien: 39*
no deja escapar las oportunidades cuando se presentan, pero su inestabilidad le provoca insatisfacción y descontento consigo mismo

ser seducido: 7
no goza de una buena reputación

Sellos *coleccionarlos: 14*
está haciendo un esfuerzo completamente inútil

verlos o pegarlos: 31
pronto recibirá noticias de un pariente lejano

Selva *adentrarse en ella: 21*
tendrá complicaciones

verla: 25
se siente sereno y seguro de sí mismo

Semental *verlo: 30*
es fuerte y valiente, y logrará superar todas las dificultades

Semillas

comerlas: 10
vivirá una aventura amorosa; sentirá atracción física, pero sin amor

comprarlas: 18
todo va bien en el campo laboral

sembrarlas: 25
sus proyectos se realizarán; vigor y gran actividad

ver a alguien que las siembra: 6
gozará de buena salud

ver pájaros que las picotean: 17
sufrirá pérdidas económicas

Senos

abundantes: 17
prosperidad y embarazo feliz; suerte

enfermos o heridos: 33
una enfermedad acecha

fláccidos: 38
le esperan malos momentos, llanto, pobreza, luto familiar

tener muchos: 34
asuntos relacionados con un adulterio, hijos ilegítimos

tenerlos: 17
si lo sueña un hombre, presagio adverso, tristeza

Sepulcro

ser introducido vivo: 27
llegan la tristeza y la desgracia; es posible que sea detenido y encarcelado

roto o profanado: 17
inicia un periodo de tristeza y desventura

ver sepultar a alguien: 9
es un buen presagio, boda inminente, ganancias, prosperidad

Sepulturero *verlo:* 41
alguien desea su muerte

Serpiente *matarla:* 33
neutralizará a un enemigo

patearla: 6
está rodeado de enemigos

que se enrosca en nuestro cuerpo: 38
es violento e impulsivo; disfrutará algunos momentos de erotismo y sensualidad desenfrenadas

ser mordido por una: 31
riqueza, pero tenga cuidado con un peligro

verla: 40
muerte; guárdese de personas que quieren perjudicarle

verla salir de un árbol: 22
será ofendido por un extraño

Serrín *comerlo:* 20
contraerá una grave enfermedad

esparcirlo: 15
logrará resolver una situación peligrosa y embarazosa

Servicio *prestarlo:* 15
será degradado

recibirlo: 35
le sobrevendrán disgustos

Seto *de bayas comestibles:* 13
siempre aprovecha el lado bueno de las cosas; tiene una naturaleza sensual y dulce

hallarlo en el camino: 4
deberá superar muchos obstáculos

saltarlo: 1
es activo y vivaz, y logrará alcanzar lo que se propone

Sierra

usarla: 41
tendrá mucho éxito en el campo laboral, pero no se exceda, podría ser víctima de un agotamiento nervioso

verla: 5
alcanzará la meta que se ha propuesto

Silla

sentarse en ella: 4
vivirá unas agradables vacaciones

verla: 21
necesita un periodo de reposo

Silla de montar

verla, usarla: 35
su trabajo le reportará óptimas ganancias y grandes satisfacciones

Sillón

balancearse en él: 21
su salud es precaria

de un material ligero y frágil: 1
es débil e inestable, cuando se plantea una meta no siempre se impone alcanzarla; es demasiado acomodaticio

estirarse encima: 19
su salud deja mucho que desear, sea más prudente

tumbona, verla: 28
teme que se descubra una antigua aventura amorosa

ver modelos bonitos en casa: 24
goza de tranquilidad familiar y bienestar

Sobre
cerrado: 41
quiere ocultar algo

verlo: 19
tiene secretos

Sofá
verlo: 11
gozará de una posición influyente; bienestar y buena suerte en los negocios

Soga
cortarla: 17
perjudicará a alguien

verla: 6
sus asuntos se estancan

trepar por ella: 22
está siguiendo una ruta equivocada

Sol
oscuro, nebuloso, opaco: 11
deberá superar obstáculos; posibles enfermedades oculares

resplandeciente, que penetra en casa: 1
alcanzará fortuna, alegrías en la familia, riquezas

ver cómo sale: 12
tendrá suerte en las actividades emprendidas recientemente; tendrá un hijo

ver cómo toca el suelo: 27
existe el peligro de incendio

ver un eclipse solar: 41
posible ceguera; luto familiar

Soldados
borrachos: 30
se hallará en el centro de una pelea

desfilando: 9
será testigo de sucesos importantes

heridos: 11
sufrirá un grave perjuicio

quietos: 12
se cierne un peligro inminente

Soltero

serlo: 34
vivirá una gran alegría; suerte en el amor

ver uno anciano: 29
está insatisfecho con su actual situación afectiva

Sombra

de un árbol: 43
un amigo muy influyente le prestará su ayuda

ver la propia sombra: 43
sentirá mucho miedo

ver la sombra de otra persona: 13
no tiene nada que temer, no le ocurrirá nada

Sombrero

llevarlo: 31
saldrá de viaje

militar: 5
tendrá problemas de carácter jurídico

perderlo o verse privado de él: 6
perderá una oportunidad importante

quitárselo: 37
se toma la vida con alegría, es optimista

ver muchos: 11
tiene muchos amigos y es sociable

Sombrilla *41*
tiene suerte y se siente protegido

Soplar *sobre una fogata: 6*
llegará a oídos de sus amigos un bulo sobre usted; es demasiado idealista y se decepciona fácilmente ante la realidad

Sordo *serlo: 14*
escuchará algo que le molestará

ver uno: 30
descuida detalles importantes, cuidado, podría estropear la situación que ha conquistado con tanto esfuerzo

Sorpresa *recibirla: 28*
una cosa que ocultaba celosamente pronto será de dominio público

Sótano *estar en él y no poder salir: 31*
caerá enfermo

verlo: 25
se cierne algún peligro

ver a alguien en él: 13
aunque hay quien le odia y quiere entorpecer sus planes, no se saldrá con la suya

Subir *a un árbol lleno de frutos: 15*
tendrá riquezas, placeres y amor, tras haber superado pequeñas dificultades

trepar a una montaña: 10
su camino estará plagado de dificultades, pero tras superar los obstáculos con mucha fatiga y empeño, alcanzará sus objetivos

por una escalera: 27
alcanzará su meta

Subterráneo

caminar a lo largo de uno oscuro: 11
tras un tiempo de dificultades, alcanzará riquezas y honores, pero sólo si modifica su actitud pesimista y desconfiada

perderse en él: 41
gozará de un periodo de suerte y realizará un viaje provechoso

Sudor

estar empapado de: 14
deberá enfrentarse a acreedores despiadados y sin escrúpulos; controle su estado de salud: las preocupaciones de los últimos tiempos podrían ocasionarle un agotamiento nervioso

Suicidarse

ver a alguien: 11
su actitud errónea causará graves perjuicios

verse uno mismo: 21
se producirá un nacimiento inminente en la familia

Sumergirse

bajo el agua: 40
un enemigo se volverá inofensivo

Tabaco	*comprarlo: 35* deberá afrontar muchos pequeños gastos *esparcirlo por el suelo: 35* se separará de los amigos durante un breve periodo *fumarlo: 8* sentirá un placer de breve duración *para inhalar: 48* envejecerá de forma prematura; puede hacer buenos negocios
Tábano	*ser picado: 28* recibirá amenazas por parte de personas influyentes; infidelidad y disputas familiares
Talismán	*poseerlo: 16* deberá atravesar momentos difíciles, pero logrará superar las adversidades
Talón	*herírselo y sentir dolor: 25* será perjudicado

Tambor *oír su redoble:* 37
se encuentra frente a un peligro inminente

tocarlo: 4
puede afectarle una catástrofe natural; habla demasiado y podría perjudicarse a sí mismo

Tarántula *ser mordido por ella:* 35
deberá afrontar peligros y discusiones

verla: 10
hará un viaje que durará un año por lo menos

Tarot *echar las cartas:* 20
no es el momento idóneo de jugar a la primitiva

hacerse echar las cartas: 17
está preocupado y no sabe qué camino tomar, reflexione con calma y no sea demasiado temerario

Taza *romperla:* 9
se verá afectado por disgustos y problemas familiares

verla: 8
pronto recibirá un regalo agradable

Tazón *llenarlo:* 32
los asuntos mejorarán

lleno: 24
conseguirá riquezas y bienestar

romperlo: 21
debe ser más previsor y menos impulsivo, podría hallarse en graves dificultades económicas

vacío: 10
está atravesando un periodo difícil

verlo: 41
su porvenir está asegurado

Té *beberlo: 15*
sufrirá una enfermedad leve

Teatro *representar una obra: 16*
vivirá una aventura imprevista

verlo: 41
es demasiado ambicioso y desea alcanzar una posición superior a sus capacidades, replantéese sus propósitos

Techo *verlo: 7*
personas desleales y envidiosas tratarán de perjudicarle

verlo derrumbarse: 17
está corriendo un grave peligro

Tejado *caerse del tejado: 7*
recibirá una noticia desagradable; desgracia

destecharlo: 14
se casará pronto y tendrá hijos

ver cómo arde: 14
actividades afortunadas le harán rico y famoso

ver el tejado: 15
está a cubierto de los peligros

Tejas *verlas: 14*
tendrá suerte; disfrutará de protección y seguridad

verlas caer: 33
sufrirá algunos contratiempos o desavenencias familiares

verlas caer del techo de nuestra propia casa: 9
llevará luto por un familiar

verlas rotas: 35
le amenaza un peligro; un problema le provocará tristeza

Tela
cortarla: 22
su vida será breve pero feliz

verla: 9
realizará un viaje afortunado

Telar
trabajar en él: 37
su constancia y aplicación le procurarán una posición social y económica discreta y merecida

Telefonear
a alguien: 44
satisfará una curiosidad; desea comunicar algo a la persona a la que ama, sea menos tímido e inhibido, no tiene nada que temer

Telegrama
enviarlo: 16
pronto recibirá buenas noticias

recibirlo: 28
se verá obligado a elegir entre dos cosas

Telescopio
usarlo: 6
es demasiado pedante y puntilloso, por controlar las minucias, pierde de vista un grave problema que puede llegar a ser peligroso

ver algo: 7
alcanzará una buena posición; hará un viaje

Televisión
verla: 7
recibirá una buena noticia inesperadamente

Telón
alzarlo: 21
los días funestos están a punto de acabar

echarlo: 32
tiene un secreto que no quiere desvelar

Templo *entrar en su interior:* 35
cambio de perspectiva; iniciará una reparadora búsqueda interior y logrará por fin hallarse a sí mismo; alegría

Temporal *hallarse en medio de uno:* 7
será ofendido; mejor postergar un viaje que podría revelarse peligroso

verlo: 24
la situación es caótica y difícil, pero mejorará rápidamente

vivirlo: 34
tiene mala fama

Terciopelo *comprarlo:* 24
vive en la opulencia y la tranquilidad

llevar una prenda de: 27
alcanzará buena posición social y riquezas

sostenerlo en la mano: 11
disfruta con los placeres; es sibarita y refinado

Termómetro *para tomar la temperatura corporal:* 14
sufre un malestar físico; un familiar caerá enfermo

verlo: 40
la situación está en vías de cambio, de usted depende el rumbo que tome su vida futura

Terraza *hallarse en ella:* 28
es agradable y tiene muchos amigos simpáticos

verla: 49
conoce muchos secretos inaccesibles a la mayoría

Terremoto

si provoca daños: 10
está abocado al desastre; sufrirá pérdidas económicas

verlo: 40
en su vida se van a producir cambios radicales, sea decidido y aclárese las ideas

Tesoro

hallar uno muy valioso: 29
verá defraudada una esperanza, pero no se desanime, únicamente debe tratar de plantearse objetivos más asequibles y racionales

Testamento

hacerlo: 15
tendrá una vejez larga y apacible

verlo: 8
recibirá una herencia inesperada

Tiempo

buen tiempo: 36
tendrá suerte; recibirá una buena noticia

mal tiempo: 34
habrá discusiones y peleas en su familia

Tienda

atestada: 12
cerrará buenos negocios; gozará de bienestar

ir de tiendas: 35
afrontará grandes gastos

verla: 21
ahora está arruinado, pero la situación mejorará; vivirá aventuras inesperadas que le provocarán inestabilidad emotiva y afectiva

verla cerrada: 31
los negocios van mal

vivir en ella: 41
hará un viaje fatigoso

Tierra

estar cubierto y ahogarse: 22
la situación es difícil, pero se muestra inconmovible y no se deja avasallar, alcanzará grandes honores y riqueza

Tigre

ser asaltado por uno: 42
es un presagio funesto; su equilibrio mental está en peligro, cuídese

verlo: 16
tiene un adversario peligroso y sin escrúpulos

Tilo

talarlo: 32
las relaciones entre los miembros de su familia no serán buenas

trepar: 15
alcanzará una posición envidiable

ver uno: 37
tendrá una vida serena y segura

Timbre

verlo: 17
recibirá buenas noticias; tendrá suerte

Timón

sostenerlo: 46
teme perder el control de la situación, de usted depende que ello no suceda

ver cómo otro lo sostiene: 13
ha elegido situarse en un segundo plano, pues no desea asumir preocupaciones inútiles

Tinta

beberla: 15
cometerá una tontería

comprarla: 18
recibirá una noticia importante

verla: 10
será calumniado

Tirano

serlo: 11
es débil e incapaz de ejercer la autoridad, para hacerse respetar, debe darse a valer

verlo: 6
progresará y alcanzará la posición que deseaba

Tisis

sufrirla: 9
su salud es óptima; si está enfermo, pronto se curará; para no sufrir recaídas, trate de moderar sus pasiones arrolladoras, a la larga le beneficiará

Títeres

jugar con ellos: 20
actúa con poca seriedad

verlos: 41
está rodeado de personas desleales; concede una importancia excesiva a las cosas exteriores

Tocino

comerlo: 20
sentirá una gran alegría

cortarlo: 46
morirá algún familiar

derretirlo: 37
debe ser más prudente

fresco: 24
disfrutará de buena suerte y prosperidad

salado: 25
alguien propaga habladurías sobre usted, pero su honestidad no se verá menoscabada

Tomate

comerlo: 20
cosechará una ganancia que había dado por perdida

verlo: 46
es muy conservador y desea establecer un vínculo afectivo duradero y sincero

Tomillo

cogerlo, oler su perfume: 2
nuevos problemas le causarán disgustos, gran dolor y llanto

Tonel

hacerlo rodar: 11
le irán bien las cosas

que pierde líquido: 27
sufrirá una pérdida económica

tener uno lleno de vino: 37
conseguirá riquezas y abundancia

vacío: 3
pasará por un periodo de pobreza o escasez de afecto

Topo

verlo: 36
alguien conspira para perjudicarle; compórtese con lealtad

Tórax

peludo: 16
si lo sueña un hombre, recibirá riqueza y ganancias inesperadas; si lo sueña una mujer, morirá el cónyuge

sano y amplio: 15
tendrá suerte y se alegrará su ánimo

Tormenta — *verla, vivirla:* 37
se encontrará con obstáculos, peligros o daños materiales; posible disputa familiar

Toro — *amenazador:* 17
le afectarán peligros graves

comprarlo: 33
aparecerán discusiones en el seno de la familia

manso: 41
encontrará placer en el amor; tendrá suerte

matar a uno que nos amenaza: 34
sorteará un peligro

Torre — *estar encerrado en ella:* 17
la traición de una persona a la que consideraba amiga le pondrá en serios aprietos

subir a ella: 42
obtendrá ventajas que debería aprovechar

ver cómo se derrumba: 18
perderá su libertad de acción

Torrente — *grande y ancho:* 41
alcanzará altas cotas

impetuoso: 17
podría ser víctima de una pasión peligrosa; problemas

Torta — *comerla:* 8
gozará de buena salud; es pendenciero

cocerla: 17
recibirá la visita de amigos queridos

cortarla: 46
no deje escapar una buena oportunidad

Tórtola

capturarla: 33
se encuentra triste a causa de una discusión

tenerla en casa: 31
las relaciones familiares son estables y armónicas

verla: 38
es sociable y cordial, tiene muchos amigos

Tortuga

comerla: 36
tras muchas penalidades, alcanzará lo que desea

verla en la carretera: 8
retraso de un asunto que le atañe de lleno; debe ser más valiente y tener más fuerza de voluntad, y no dejarse avasallar por los acontecimientos

Torturar

a alguien: 27
siente remordimientos por una acción desleal que cometió

ser torturado: 33
sufrirá un altercado injusto, pero no se lamente continuamente; sufre manía persecutoria

Tos

sufrirla: 26
sentirá un leve malestar

ver a alguien que la sufre: 39
guárdese de los aduladores

Trabajar

activamente, pero sin terminar el trabajo: 17
con frecuencia se muestra demasiado polémico y se enzarza en discusiones estériles

llevar a cabo un trabajo: 27
gozará de armonía familiar, prosperidad en los negocios y mejoría general

llevar a cabo un trabajo que no se conoce: 41
vivirá un futuro muy próspero

Traicionar

a alguien: 27
tendrá que superar muchos obstáculos; cambio laboral

ser traicionado: 17
tendrá problemas con la justicia

ser traicionado por la persona amada: 31
sus celos echarán a perder una relación dichosa

Traje

de luto: 39
tendrá una gran alegría; si aún no se ha casado, boda inminente

guardarlo en el armario: 11
renuncia a un proyecto que creía irrealizable

llevar uno viejo: 12
alcanzará una situación respetable

verlo: 11
tenga cuidado, podría enfermar

Trampa

caer en ella: 38
amigos desleales le engañarán

verla: 40
sufrirá un notable perjuicio económico

Trapero

verlo o serlo: 5
pronto hará buenos negocios y alcanzará una posición social elevada

Trapos

comprarlos: 46
tenga cuidado con los asuntos equivocados

lavarlos: 17
quiere invertir todas sus energías en un asunto que se presenta difícil

tirarlos a la basura: 30
piense antes de actuar, malgasta tiempo y dinero

verlos, recogerlos: 23
aunque le costará, con esfuerzo conseguirá una gran riqueza

Tren

perderlo: 7
la competencia no logrará alcanzar sus brillantes resultados, pero debe evitar acomodarse y conformarse

verlo descarrilar: 17
se encontrará en peligro mortal

viajar en él: 26
sufrirá un proceso judicial, que ganará

Trenza

cortarla: 34
modificará su mentalidad retrógrada y puritana, y ganará serenidad

hacerla: 6
vive un amor apasionado

llevarla: 44
alguien quiere engañarle

Trenzar

objetos: 2
favorecerá un amor; es aconsejable postergar un viaje que, si se hiciera ahora, acarrearía grandes molestias

Trepar

a un árbol: 15
tras superar muchos obstáculos, alcanzará una posición relevante

a una roca o una pared: 28
recibirá calumnias y hallará muchos obstáculos

ver cómo otros trepan: 27
debe guardarse de personas sin escrúpulos

Tribunal

verlo: 10
tendrá problemas, afanes, litigios y gastos indeseados; si lo sueña un enfermo, empeoramiento de la enfermedad

Trigo

segado o recogido: 45
tendrá riqueza y abundancia

verlo en un campo: 46
gozará de suerte duradera

Trineo

deslizarse en él: 32
obtendrá algo que hace tiempo que anhelaba, pero le defraudará

verlo: 33
se alegra y divierte con cosas sencillas

Tronco

de árbol: 3
tendrá altas ganancias

sentarse encima: 4
su actividad es sólida y segura

Tropezar

14
si no está atento, cometerá un grave error; valore la situación más a fondo

Trucha

comerla: 7
recibirá una noticia desagradable

pescarla: 41
será agraciado en el juego

verla en un río o en un arroyo: 34
vivirá momentos muy dichosos

Trueno

con relámpagos: 5
no alcanzará lo que desea, pero no desespere

sin relámpagos: 7
tendrá problemas, guárdese de personas desleales y falsas

Tubo

roto: 44
tendrá algún problema en el campo laboral

ver un tubo: 4
pérdida de dinero por su escasa organización mental

Túnel

en una montaña: 39
tras muchas dificultades, alcanzará una posición buena

Turón

verla: 22
está rodeado de personas desleales que le quieren estafar y engañar

Turquesas

recibirlas como regalo, llevarlas: 41
tiene suerte y verá como se realiza su proyecto

Úlcera

en la espalda: 4
tendrá una vejez triste

en las extremidades inferiores: 32
disminuirá su actividad laboral

en las extremidades superiores: 9
le afectará la muerte de un familiar

Ultraje

hacerlo: 49
es demasiado autoritario e intolerante

sufrirlo: 1
se siente inseguro

ver a alguien ultrajado: 22
se avecina un periodo de tristeza

Umbral

cruzarlo: 19
es emprendedor en los negocios

permanecer bajo el umbral: 16
siente temor ante todo

verlo: 31
una decisión que tomar

Ungüento *beberlo:* 15
sufrirá una enfermedad

prepararlo: 17
vivirá un periodo de miseria y pobreza

usarlo: 1
disminución en el campo laboral

Unicornio *verlo:* 14
deberá afrontar una situación nueva y preocupante

Uniforme *llevarlo:* 40
presagio de nuevas aventuras; no sea demasiado temerario, podría correr un grave peligro

Universidad *verla:* 32
aún no es una persona madura; tiene grandes lagunas en su formación profesional, y ello entorpece su actividad

Untar *a alguien:* 21
tiene una naturaleza sensual y perezosa; disminución de la actividad laboral

untarse uno mismo: 7
se preocupará en resolver asuntos de poca monta

Uñas *cortas:* 11
se siente triste y débil

perderlas, cortárselas: 33
deberá encarar discusiones con miembros de su familia

rotas: 4
tiene algunos problemas que no sabe como solventar

tenerlas largas: 31
en caso de dificultad, sabe cómo defenderse

Urraca *verla revolotear: 45*
prevéngase, es un mal presagio

Útero *materno: 5*
próximamente habrá un nacimiento en la familia

Uva *comerla: 5*
gozará de prosperidad, riqueza y salud

comerla verde: 33
tendrá problemas a causa de discusiones familiares

verla seca: 12
es terco en sus posturas y puntos de vista

Vaca
verla flaca: 4
penuria en el círculo familiar; es demasiado abúlico y resignado, con esta actitud, no logrará realizar sus esperanzas

verla gorda: 11
abundancia y riqueza; cambio de vida que sobrellevará sin problemas, gracias a su espíritu de adaptación

verla mugir: 22
tendrá buena suerte

Vacaciones
desearlas: 48
no cometa excesos, podría ser víctima de un agotamiento nervioso

tenerlas: 13
por fin gozará de un periodo de reposo merecido y diversiones

Vacuna
ponerla: 39
está triste y desanimado, un viaje agradable le distraerá y le permitirá renovarse

ver a alguien que la pone: 9
alguien que necesita su ayuda moral

Vagabundo

serlo: 6
deberá afrontar un viaje largo y venturoso

verlo: 25
sufrirá un pequeño disgusto

Vagón

de tren: 16
está corriendo un riesgo peligroso

Valla

rota: 10
soportará pérdidas financieras

saltarla: 1
con su esfuerzo y constancia, logrará sortear los problemas que debe afrontar

verla frente a uno: 40
deberá superar bastantes obstáculos

Valle

cruzarlo: 41
logrará realizar sus esperanzas

verlo: 17
algunos problemas le causarán desasosiego; sentirá melancolía

Vampiro

ser mordido: 36
personas aduladoras quieren aprovecharse de usted

Vapor

verlo: 27
es muy ambicioso, pero liviano y perezoso, lo cual dificultará sus progresos

Vaso

beber vino en él: 25
se auguran tiempos felices

recibirlo: 22
tendrá un hijo; si es soltero, se casará

regalarlo: 5
conocerá la muerte de un amigo

resquebrajado: 6
será embaucado

romperlo: 2
un enemigo suyo morirá; sufrirá una desgracia

vacío: 22
sufrirá una gran desilusión

verlo: 19
debe beber menos bebidas alcohólicas

Vela

apagarla: 31
alguien morirá

con una llama grande y humeante: 40
caerá enfermo; es orgulloso y exhibe en exceso

con una llama pequeña, pero esbelta: 16
tras haber trabajado con honestidad, recibirá su premio

Velar

a un enfermo: 20
sufre algunos disgustos; goza de buena salud

para ir a una fiesta: 23
el matrimonio y la vida social se ven favorecidos; eliminará la tristeza y la melancolía; probable adulterio

Velero

verlo: 12
realizará un viaje afortunado

viajar en él: 8
su trabajo es ocasional e inestable

Velo   *llevar uno blanco:* 4
        tiene fe y una vocación religiosa latente; pureza de espíritu

        llevar uno negro sobre la cabeza: 2
        morirá un familiar

Venda   *hacer un vendaje:* 20
        tendrá mucha suerte

Vendaje *aplicárselo o llevarlo:* 44
        deberá renunciar a su voluntad

Vender *algo:* 40
        se halla en un momento de restricciones financieras

Vendimia *hacerla:* 21
        le espera un periodo de grandes alegrías, salud y placeres físicos; seducción

Veneno *ser envenenado:* 13
        padecerá una enfermedad grave

        suministrarlo a alguien: 49
        lleva las de ganar respecto a un enemigo por medios ilícitos; tristeza y mala suerte

Ventana *abrirla:* 8
        tendrá éxito en el mundo de los negocios

        caer por una: 47
        vivirá una gran novedad

        entrar por una: 8
        discutirá con alguien

        verla cerrada: 39
        debe afrontar múltiples dificultades, pero es valiente y constante

Verano *verlo cálido y agradable:* 32
disfrutará de abundancia, riquezas y buena situación económica

Verbena *popular, participar en ella:* 34
vivirá una alegría grande e inesperada

Verdura *cocerla:* 4
se verá afectado por problemas y contratiempos

comerla cruda: 14
padece un leve malestar

cultivarla: 26
es amado; recibirá alegrías familiares

Vergel *pasear por él:* 40
su vida será próspera y llena de buenas oportunidades que debe aprovechar

Verja *verla abierta:* 36
le propondrán un buen puesto de trabajo

verla cerrada: 28
tendrá que superar un gran obstáculo

Verrugas *tenerlas:* 31
logrará riqueza y grandes ganancias

verlas: 44
personas desleales tratan de abusar de su confianza

Vestidos *adecuados para la estación:* 47
tendrá buena suerte; cerrará buenos negocios

blancos: 27
desgraciadamente las cosas no se desarrollarán como esperaba

demasiado ajustados: 2
sentirá vergüenza, lleva una vida equivocada

hábito monástico: 43
le tributarán múltiples honores

inadecuados para la estación y la ocasión: 46
sufrirá una quiebra económica

ridículos o indecentes: 8
si no forma parte del mundo del espectáculo, este sueño presagia desgracias, fracaso, reprobación

rojos: 42
está alegre, rodeado de amigos, tendrá suerte

negros: 24
tendrá salud y éxito laboral

si un hombre viste ropa femenina: 1
vivirá una aventura triste y desagradable

vestir ropa manchada de sangre: 45
cosechará riquezas, honores, poder

vestir un traje de novia: 20
si juega, ganará a la primitiva

Vestirse

con cuidado y sofisticación: 41
en realidad se está descuidando, debe cuidar más su aspecto físico

Viajar

en avión: 32
vivirá una aventura pasajera; deseos satisfechos

en coche: 37
será feliz y sus deseos se realizarán; tendrá una aventura amorosa

en tren: 26
saldrá bien librado de los problemas judiciales

viajar y ser sobrepasado: 30
su vida será prolongada

Viaje

en compañía: 1
se propagarán nuevos bulos sobre usted

hacer un viaje: 40
experimentará cambios en su entorno

Víbora

matarla: 34
tendrá las de ganar respecto a un enemigo peligroso

ser mordido: 31
será engañado por un enemigo envidioso

verla: 38
guárdese de personas aduladoras que sólo quieren engañarle

Vidente

consultarle: 4
se producirá lo que el vidente le diga en el sueño; está lleno de problemas y esperanzas defraudadas

serlo: 3
acumulará experiencias y riquezas

Vidrio

cortarlo: 25
se casará dentro de un año

opaco: 32
alguien propaga bulos sobre usted

romperlo: 5
se entristecerá a causa del infortunio

traslúcido: 44
tiene amigos leales

ver a través del de una ventana: 42
resolverá un asunto a su favor

Viejo

verlo: 4
vivirá muchos años

verlo entrar en casa: 12
disfrutará de armonía familiar, felicidad y bienestar

volverse: 48
su vejez será apacible

Viento

cálido y agradable: 43
recibirá promesas que no serán cumplidas; buenas noticias

frío y violento: 40
enemigos desleales y de pocos escrúpulos le perjudicarán; no se deje engañar

que barre y limpia el cielo: 2
la situación mejorará notablemente

que trae nubes: 4
se prevén obstáculos y una racha de mala suerte

Vientre

ver el propio: 16
se casará y tendrá muchos hijos

verlo delgado: 38
problemas, disputas, pobreza

verlo hinchado: 19
disfrutará de una óptima situación financiera

Vinagre

beberlo: 8
tendrá una disputa familiar a causa de un malentendido

prepararlo: 38
quiere cometer en breve una mala acción

Vino
beberlo: 40
gozará de las pequeñas alegrías de la vida; resolverá pronto sus problemas

derramarlo: 24
dejará escapar una buena oportunidad; leve malestar

Viña
verla: 32
si no desvela una esperanza secreta, podrá realizarla

Violetas
verlas en un prado: 34
tendrá éxito en el trabajo, cerrará buenos negocios

Violín
tocarlo: 21
una persona amiga le consolará en un momento de gran depresión

verlo: 23
es amor que siente no es correspondido

Virgen María
verla: 5
aunque se siente desgraciado, hallará consuelo

Viruela
ser afectado: 21
se avergüenza de sí mismo; riqueza y bienestar conquistados de manera no muy lícita

ver a alguien afectado: 9
recibirá una suma inesperada de dinero

Visiones
de personas difuntas: 41
crea en lo que le digan en sueños; tendrá suerte y gozará de protección

Visita *recibirla: 7*
pronto recibirá buenas noticias de una persona lejana; reconciliación tras una dura disputa

Viudo *casarse con él: 41*
pronto recibirá una herencia inesperada

serlo: 36
su situación cambiará, el futuro le reserva alegrías

Vivienda *tener una de estilo moderno: 37*
será ascendido y obtendrá más autoridad

tener una vieja y destartalada: 41
emprenderá nuevas actividades provechosas

Volante *verlo: 9*
está indeciso y no sabe qué camino tomar, necesita la ayuda de terceras personas; debe tener más confianza en sí mismo

Volar *ágilmente para luego aterrizar: 13*
con su habilidad y prontitud de espíritu, concluirá asuntos ventajosos

con alas: 1
ascenso profesional, alcanzará el bienestar económico y la riqueza; asuntos afortunados

por encima de cruces o curvas peligrosas: 35
le afligen las discusiones familiares

querer hacerlo y no poder: 17
el presagio no es bueno, anuncia una desgracia; si lo sueña un enfermo, empeorará

sin alas: 41
siente peligro y miedo; mala suerte

verse uno mismo: 31
experimentará un cambio afortunado, pero si lo sueña un enfermo, significa muerte

Volcán

extinguido, verlo: 39
vivirá una aventura peligrosa; con frecuencia es víctima de pasiones demasiado violentas

verlo en erupción: 35
una pasión descontrolada cambiará su vida por completo

Vomitar

comida: 24
sufrirá un gran perjuicio económico

mucosidad: 41
disfrutará de buena suerte; logrará superar problemas gravosos

sangre: 5
cambio radical de la situación económica

vísceras: 17
es un mal presagio, anuncia desastres y especialmente la muerte de un hijo; si lo sueña un enfermo, morirá

Yacimiento
de carbón: 9
la fortuna se consigue con fatiga

de petróleo: 42
no merece la suerte que tiene

Yedra
plantarla: 17
se están sentando las bases para una profunda amistad

regalar una planta de yedra: 6
profesa un amor sólido; siente muchos celos

Yegua
cabalgarla: 12
intenta controlar su carácter

verla: 23
su carácter es tranquilo aunque con cambios de humor imprevisibles

Yelmo
quitárselo: 33
ha conseguido superar un peligro

ver soldados que lo llevan: 40
tendrá un encuentro ineludible

Yema de huevo *comerla:* 3
disfrutará de un óptimo estado de salud

Yeso *verlo:* 10
se encuentra agobiado por las deudas

Yugo *verlo:* 7
se siente atormentado por un gran empeño

Yunque *usarlo:* 13
es perseverante

verlo: 33
es posible que tenga problemas sexuales

Zafiro   *llevarlo o verlo:* 10
             alguien le ofenderá o difundirá bulos sobre usted

Zambullirse   *en el agua:* 10
                   se presentan buenas perspectivas

                   en el vino: 3
                   tendrá momentos de alegría y entusiasmo

Zanahorias   *cocerlas, tras cortarlas:* 18
                  se separará, y la culpa será en gran parte suya

                  comerlas: 21
                  es feliz y optimista, y así será su futuro

                  comprarlas: 15
                  piensa demasiado poco en su familia

                  con mal aspecto: 38
                  se verá contrariado

Zancos   *usarlos:* 15
              superará los problemas sin resolverlos

Zanja *caer dentro de ella: 13*
será víctima de una desgracia

saltarla o superarla: 34
esquivará un peligro

verla: 5
es afortunado y despreocupado, pero aún está a tiempo de evitar una situación que podría resultar desastrosa

Zapatero *verlo: 4*
no es necesario preocuparse por el trabajo

verlo trabajar: 19
es muy laborioso y esto favorecerá su negocio

Zapatillas *comprarlas: 12*
prevé un periodo de inactividad

nuevas: 25
no se prevén novedades; lleva una vida perezosa

perderlas: 44
suerte, mejoras y novedades

regalarlas: 11
desea controlar las acciones de una persona

salir en zapatillas: 2
actúa con poca decisión en los negocios

Zapatos *caminar por el barro con zapatos inadecuados: 17*
vivirá un periodo de extrema miseria

llevar un par usado: 10
pasará un periodo difícil en el trabajo, pero logrará alcanzar la posición que tanto anhela

llevarlos apretados: 14
deberá afrontar dificultades económicas, se ha mostrado infantil y temerario en el trabajo, y ahora sufre las consecuencias

Zodiaco	*consultarlo:* 6 buen augurio, suerte en el juego.
Zorra	*matarla:* 8 los asuntos se desarrollan de manera óptima *ser mordido por ella:* 31 sufrirá una pérdida de dinero *verla:* 38 será engañado por una mujer
Zuecos	*llevarlos:* 11 si ahorra, alcanzará el bienestar
Zumo	*verlo, beberlo:* 22 gozará de bienestar económico
Zurcir	*algo:* 3 es demasiado puntilloso, si no cambia de actitud, dejará escapar una buena oportunidad por culpa de futesas
Zurrón	*llevarlo a la espalda vacío:* 17 desde el punto de vista económico, la situación no es muy desahogada *llevarlo lleno:* 2 disfrutará de abundancia y riquezas

www.ingramcontent.com/pod-product-compliance
Lightning Source LLC
Chambersburg PA
CBHW081824230426
43668CB00017B/2371